Obergefreiter Otto Allers

Feldpostbriefe aus dem Zweiten Weltkrieg

Vorwort und Transkription:

Dr. Nurdan Melek Aksulu

Bibliografische Information der Deutschen Nationalbibliothek

Die Deutsche Nationalbibliothek verzeichnet diese Publikation in der Deutschen Nationalbibliografie; detaillierte bibliografische Daten sind im Internet über http://dnb.d-nb.de abrufbar.

Herstellung und Verlag: Books on Demand GmbH, Norderstedt

ISBN - 13: 978-3-8370-2440-1

Inhalt

Vorwort

Diese Briefe und Karten sind die Transkription von den Originalbriefen/karten des Obergefreiten Otto Allers, die an seine Schwester geschrieben wurden.[1] Nur die letzte Karte wurde an seine Eltern geschrieben. Diese Karte hat seinen besonderen Wert und es ist ein glücklicher Zufall, dass sie auch unter diesen Briefen zu finden war, denn sie wurde kurz vor seinem Tode an seine Eltern geschrieben und geschickt.

Außer der Feldpost von Otto Allers gibt es auch die Todesnachricht von dem Oberleutnant und Kompanieführer Mehning an die Familie Allers geschrieben, aus der Zeitung entnommene Todesanzeige und zwei Photos von Otto Allers.

Der erste Brief an seine Schwester wurde schon kurz vor dem zweiten Weltkrieg, nämlich am 25.8.1939 geschrieben. In diesem Brief wird sogar die Frage gestellt, ob der Krieg anfangen würde oder nicht. Und schon die nächsten zwei Nachrichten, bzw. die Feldpostkarten kommen aus Polen. So hat also der Soldat Otto Allers den Anfang des zweiten Weltkrieges mitgemacht und miterlebt.

Nach dem Polnischen Krieg machen sie einen Rückmarsch nach Westen. Otto Allers und seine Kameraden bleiben eine Weile in Deutschland, danach marschieren sie im Mai 1940 nach Belgien

---

[1] Einige Briefe (auszugsweise) von Otto Allers wurden zuvor in „Zeitschrift für Heereskunde", Nr. 422 Oktober/Dezember 2006, S.190-200 veröffentlicht. Dieser Artikel lautet: Briefe eines Obergefreiten. Ein Blick aus der Front.

und Anfang Juni nach Frankreich hinüber. Am 28. Mai 1940 „haben die Belgier die Waffen niedergelegt", „und wir haben einen Feind weniger!" schreibt Otto Allers. Am 23. Juni 1940 wird im Wald von Compaigne zwischen Frankreich und Deutschland Waffenstillstand unterzeichnet. Die Division, an die der Gefreiter Otto Allers gehört, kommt „auf persönlichen Befehl des Führers" am 19. Juni 1940 als Besatzungstruppe nach Paris an. Soldat Otto Allers hat sogar an der Parade teilgenommen. Aus Paris schreibt er an seine Schwester vier Briefe. Aus den Briefen sieht man wie gut es den deutschen Soldaten in Paris geht. Es fällt Otto Allers sogar sehr schwer sich von Paris zu trennen, „an Paris haben wir uns schon gewöhnt. Wir finden hier schon gut zurecht. Genau als ob wir hier groß geworden wären", schreibt er. Am 1. August haben Otto Allers und seine Division Paris verlassen und weiter westlich an die Nähe der französischen Küste haben sie über 200 km 5 Tage lang marschiert. Im September marschieren sie hinüber nach Holland. Ab Anfang 1941 sind seine Briefe aus Hollenbeck geschrieben. Im Februar kommen sie nach Munsterlager. Ende Juni 1941 ist wieder Soldat Otto Allers und seine Division unterwegs, diesmal nach Osten, nach Russland.

Vor seiner Russland - Aufenthalt spürt man bei Otto Allers' Zeilen seine pathetische Vaterlandsliebe, Lust an dem Kriege und seine große Ehre vor seinem Führer Hitler. Hitler ist sein größter Held, so wie es für die meisten anderen deutschen Soldaten es auch war. Es wurden sogar unwahre Nachrichten über Hitler ausgebreitet, um die Stimmung der Soldaten zu erhöhen. „Heute Abend ist der Führer auf der Straße, ein paar Hundert Meter von hier vorbeigekommen. Leider haben wir es nicht vorher gewusst und ihn auch leider nicht gesehen! Das wäre ein herrliches Erlebnis gewesen! Schade!" schreibt Otto Allers am 1. Juni 1940 aus Belgien. Sogar soll der Führer im Waldkrieg teilgenommen haben und sich verletzt haben: „Gestern waren wir in Messine. Dort ist der Führer im Waldkrieg verwundet worden. In der Kirche hat er im Keller gelegen. Tags zuvor, bevor wir dort hinkamen, ist der Führer dort gewesen. Leider haben wir ihn nicht gesehen!" (Brief vom 5.Juni 1940).

Sein Hass dem „Tommy" gegenüber kommt auch öfters in seinen Zeilen zur Ausdruck. Er kann aber auch die Holländer nicht verstehen, warum sie die Deutschen nicht wollen. Er schreibt in seinem Brief vom 12.10.1940: „Die Holländer werden auch niemals gute ‚deutsche' werden! Es ist ein sehr eigenwilliges und kurzsichtiges Volk. Von unserem Deutschland haben sie eine ganz dolle Ansicht. Gerade so als ob unser Volk ein Haufen Neger oder sonst etwas wäre!" Eine rassistische Neigung hat Otto Allers auch, wie es soeben zu sehen ist, aber sonst auch in anderen Stellen seiner Briefe kommen solche Herabsetzungen für Neger vor, wie z.B. nennt er für Kaffee „Negerschweiß" (25.2.1942).

Otto Allers hat große Neigung zu Spielfilmen, Bücher und Musik. Gerne geht er ins Kino und zu Konzerte. Er schreibt immer zu welchem Film er gegangen ist und schreibt sogar auch die Darsteller/innen und seine Meinung zu dem Film. Auch über die Konzerte gibt er gerne Auskunft.

Die Russlandphase ist in seinem Leben eine sehr hartnäckige Phase, wo er mit dem Feind sehr nahe kämpft und eine intensive soziale Niederlage erleben muss. Es ist hier ganz anders als in Deutschland und Westeuropa. Hier muss er außer mit den Russen auch noch mit Ungeziefer und Kälte kämpfen. Die Soldaten müssen den Winter ohne Winterbekleidung überstehen; sie kriegen erst im Februar ihre Winterbekleidung. In seinem Brief von 21.2.1942 steht es geschrieben: „Nun haben wir den längsten und kältesten Teil des gefürchteten russischen Winter auch wohl hinter uns. Jetzt haben wir auch endlich unsere Winterbekleidung erhalten. Sie hat ja freilich lange auf sich warten lassen. Aber sie ist wenigstens gekommen. Von den gespendeten Woll- und Pelzsachen haben wir allerdings nicht gesehen." In seinen Russlandbriefen ist die Verherrlichung des Krieges nicht mehr zu spüren. Er möchte weg von Russland und er vermisst seine Familie sehr. Doch das Schicksal lässt ihn gerade bei seiner Heimat-Urlaubsfahrt das Leben nehmen. Der Urlauberzug, in dem er gerade sitzt, wird von einer feindlichen Fliegerbombe getroffen und Otto Allers wird durch „schwere Bombensplitterverletzungen am Körper" tödlich verwundet. So musste er schon im Alter von 26 Jahren sterben.

Viele Kämpfe hatte er überstanden, jedoch gerade als er nach Hause fuhr, musste er sich vom Leben verabschieden. Ein wirklich sehr tragisches Ende...

Außer den persönlichen Tatsachen sind in den Briefen aber auch viele Tatsachen zu finden, die einen kulturhistorischen und sozialwissenschaftlichen Wert enthalten. Schon die psychische Einstellung und die Seelenschwankungen, welche diesen einfachen Soldat ergreift, sollte man nicht außer Acht nehmen. Eben gerade hinter diesem einfachen Menschenschicksal erscheint doch die nackte Realität des Krieges und dessen überwältigende zerstörerische Macht...

A. Vor dem Krieg

Rendsburg, 25.8.39

Meine liebe Annemie!

Lang, lang ist's her! Ja, und wenn ich nicht auf Wache gewesen wäre, dann hätte es wohl noch länger gedauert! Zum dritten mal sitze ich jetzt schon hier! Man steht ja nichts aus. Aber der Schlaf der fehlt. Eben mussten wir raustreten. Der Btl. Kdr. kam. Er fragte was wir meinten ob es Krieg gebe? Wir wussten das nicht und er auch nicht. Ist ein prima Kerl.

Sonntag wollte ich noch mal nach Hause fahren und meine Schützenschnur präsentieren. Aber es wird wohl kein Urlaub geben, weil wir Montag ins Manöver gehen. Nur 10 Tage. In der Gegend von Segeberg werden wir manövrieren. Schade, wäre gerne ein bißchen weiter weg gegangen. Vielleicht kommt das ja nach. Nach unserer Ostpreußenfahrt ist auch leider nichts geworden. Alles nur Latrinengerüchte.

Am 19.Sept. verlassen wir Rendsburg für immer. Dann geht es auf unbestimmte Zeit nach Munster. Ungefähr ¾ - ½ Jahr werden wir dort bleiben. In Lübeck sind nämlich leider die Kasernen noch nicht fertig. Na, die Zeit kriegen wir auch rum. So'n bisschen in der Weltgeschichte herumreißen ist nämlich gerade das Richtige für mich.

Montag haben wir die Schützenschnüre erhalten. Kann Dir sagen, das ist schneidig. Bin auch gleich zum Fotographen gerannt. Die Bilder sollen heute Abend fertig sein. Ich stecke den Brief noch nicht ein. Wenn ich die Bilder heute bekomme, sollst Du gleich eins haben.

Ich habe am besten geschossen von der Kompanie. Darauf bin ich auch nicht wenig stolz! Gestern habe ich sogar ein Pokalschießen mitgemacht. Mit zwei Schützen waren wir daran beteiligt. Das andere waren alles Offiziere und Feldwebel. Habe auch gut dabei geschossen. Sogar einen Rang mehr als der Kompanie- Chef. Das ist doch was, fürs erste Jahr, was?

Herzliche Grüße

Dein Otto!

Gruße an Klärchen. Sie bekommt auch bald mal etwas von mir zu freuen.

B. Polen

(Postkarte)

Polen, d. 23.Sept.39

Meine liebe Annemie !

Jetzt sind wir schon auf dem Rückmarsch. Den Polenkrieg haben wir Gott sei Dank schnell siegreich beendet. Wir, die wir mit heiler Haut davon gekommen sind, freuen uns auf die Rückkehr in die Heimat. Montag werden wir verladen. Ob wir nur direkt wieder nach Rendsburg fahren, ist uns unbekannt. Aber uns genügt auch schon die Rückkehr nach Deutschland! - Das unser Regiment nur Nachhut war, ist ein kleiner Irrtum. Aber das könnt Ihr in der Heimat ja nicht wissen. Wir haben im Gegenteil schwere Verluste gehabt!

Herzliche Grüße

Dein Otto!

(Postkarte aus Ostrow /Polen)

Polen, d.. 26.Sept.39

Meine liebe Annemie!

Zum Abschied von Polen sende ich Dir die herzlichsten Grüße! Morgen werden wir Gott sei Dank verladen. Wir werden hier direkt in Polen, und zwar in Kalisch[2] verladen. Dort hatten wir auf dem Vormarsch unsere Feuertaufe zu bestehen. Und zwar mit Freischärlern in Form einer Straßen und Häuserkampfes. – Seit dem 21.ten sind wir auf dem Rückmarsch. Der ist bisher ohne Zwischenfälle verlaufen! Wie unser nächstes Ziel heißt, ist uns allen noch unbekannt!

Herzl. Grüße

Dein Otto!

---

[2] Kalisz?

C. Deutschland

(Postkarte)

Schilippsheim, d. 4.Okt. 39

Meine liebe Annemie!

Einen schönen Gruß aus der Eifel sendet Dir Dein Otto. Seit dem
1.Okt. befinden wir uns wieder in Deutschland. In 45stündiger
Fahrt sind wir direkt aus Polen hierher befördert worden. Wir sind
in der nähe von Trier. Noch weit von Schuss. Unsere Division hat
in Polen um Kuter[3] gekämpft. Gegen dreifacher   Übermacht.
Haben einen schweren Stand gehabt. Jetzt haben wir aber ja alles
gut überstanden und hoffen alle, dass es hier nicht erst zum weiteren Krieg kommt. Dann wollen wir ein herrliches Wiedersehen in
der Heimat feiern. Aber vorläufig müssen wir ja nur noch abwarten.

Herzliche Grüße

Dein Otto!

---

[3] Kutten [Kuty], Warmińsko-mazurskie (Polen)?

(Postkarte)

Im Westen, d. 12.Okt.39

Meine liebe Annemie!

Soeben habe ich Dein liebes Päckchen erhalten. Meinen recht herzlichen Dank. Das ist eine ganz besondere Freude für mich. Sind doch Liebesgaben aus der Heimat immer ein besonders freudiges Ereignis. Seit Tagen sind wir wieder unterwegs. Und marschieren, natürlich. Heute Abend geht es weiter. Wir marschieren nur nachts. Hier ist es nachts stockdunkel. Leider bekommen wir dann nichts von der schönen Gegend zu sehen. Wir sind noch in der Eifel! Eine hübsche Landschaft. Sonst geht es nur gut. Dasselbe hoffe ich auch von Dir.

Herzliche Grüße

Dein Otto!

(Postkarte)

Mittwoch, d. 25.Okt.39

Meine liebe Annemie!

Also, da hast Du mich auch mal wieder glänzend überrascht. Also ich gratuliere Dir auf das herzlichste zu Deiner Verlobung und wünsche Dir viel Glück. Auf meinen neuen Schwager bin ich natürlich sehr neugierig. Bestelle ihm bitte recht schöne u. herzliche Grüße von mir und ich heiße ihn in der Familie Allers recht herzlich willkommen! – Ja, wo ich mich augenblicklich aufhalte darf ich Dir leider nicht schreiben. Aber mir geht es ausgezeichnet. Liege im Privatquartier. Bleiben längere Zeit hier. Habe ein fabelhaftes Quartier erwischt und erhole mich glänzend. Die Leute sind furchtbar nett. Im übrigen verpasst man uns friedensmäßigen Drill! Gestern hatten wir Manöverball. Also vom Krieg gar keine Rede!

Herzliche Grüße

Dein Otto!

(Postkarte)

Donnerstag, d. 9.Nov.39

Meine liebe Annemie!

Für Deinen lieben Brief meinen herzlichsten Dank! – Unser schönes Quartier haben wir leider verlassen müssen. Wir sind einige km weiter gezogen. Zwar haben wir wieder Privatquartier bekommen. Diesmal liege ich aber mit drei Mann zusammen. So gut haben wir es wohl nur einmal gehabt. Aber wir sind ja nicht verwöhnt. Das jetzige Quartier ist auch nicht schlecht. Ja, beinahe hätten die Kriegshetzer ihr Ziel erreicht und uns unseren Führer umgebracht.[4] Das wäre doch wohl zu schrecklich gewesen. Aber

---

[4] Am 8. November 1939 wurde einen Bombenattentat an Hitler gemacht. Aber da Hitler den Saal 13 Minuten früher verließ, hatte die Bombe zu spät explodiert. Der Attentäter war Johann Georg Elser. Von dieser Explosion starben 7 National Sozialisten. Auf Hitler wurden über 42 Attentate verübt, doch Hitler war durch Glückszufall immer davon gekommen.

der Allmächtige hat ihn uns mal wieder in herrlicher Weise erhalten. Das können wir gar nicht genug denken!

Herzliche Grüße

Dein Otto!

(Postkarte)

Freitag, d. 17.Nov. 39

Liebe Annemie!

Für Deinen lieben Brief meinen herzlichsten Dank. Das er mit der Schreibmaschine geschrieben war, stört mich gar nicht. Dir spart er ja nur Zeit, weil Du ihn während der Geschäftszeit erledigen kannst. In der Freizeit hast Du ja auch genug Pflichten Deinem Ali gegenüber. Bestelle ihm bitte einen schönen Gruß von mir u. ich möchte ihn gerne mal kennen lernen. (Wenn auch nur bildlich!) Weißt Du wer bei uns im Bataillon dient? Werner Ludwig! Vor ungefähr 14 Tagen ist er mit dem Ersatz aus der Heimat gekommen. Werner hat sich natürlich gleich wieder einen Posten auf der Schreibstube organisiert. Ich habe ihn dort schon mehrere mal gesehen. Leider aber bis jetzt noch nicht privat gesprochen. Mit ihm kam auch zu uns in die Kp. Willi. Nagel aus der Hafenstr. Postbote Nagel's Sohn. Er war doch an der Sparkasse! Erinnerst Du Dich?

Herzliche Grüße

Dein Otto!

(Postkarte)

Meine liebe Annemie!

Für Deinen lieben Brief meinen herzlichsten Dank. Hat mich wieder mal sehr erfreut. Gestern sprach ich mit W. Ludwig. Habe ihm Deine Grüße bestellt. Er erwidert sie aufs herzlichste. Er ist noch immer derselbe. Er wollte eigentlich zu Weihnachten heiraten. Aber bis dahin schafft er es wohl noch nicht. Aber so bald als möglich soll er losgehen.

Von Sonnabend bis Sonntag hatte ich Wache. Allerdings eine unangenehme Sonntagsbeschäftigung! Hier sieht es noch gar nicht nach Winter aus. Es regnet, alles was von Himmel herunter will. Bei Euch im Norden[5] ist es doch schon ziemlich kalt, nicht? Auch Schnee habt Ihr schon gehabt? Davon sind wir noch verschont geblieben. Aber ich hätte auch lieber ein bisschen Frost als dieses Sauwetter! Aber da kann man nichts machen!

Herzl. Grüße

Dein Otto

Mittwoch, d. 3.Jan 40

Meine liebe Annemarie!

Meine Glückwünsche zum neuen Jahr kommen ja etwas wieder spät. Aber trotzdem will ich Dir ein recht frohes und erfolgreiches neues Jahr wünschen. Hoffentlich geht unser einziger

---

[5] Seine Schwester wohnt in Kiel.

Wunsch, den wir alle haben in Erfüllung: Frieden! Aber ich glaube fest, dass es noch in diesem Jahr der Fall sein wird!

Bin gut wieder in Westen angelangt. Die Bahnfahrt war ja natürlich wieder äußerst langweilig. Der Zug war wieder überfüllt. Trotzdem hatte ich Glück und konnte einen Sitzplatz erwischen. Morgens um 9 Uhr war ich wieder in Lobberich. Dort weilte uns eine gerade nicht sehr erfreuliche Nachricht. Das Bataillon war wieder marschiert. Am Tag zuvor war Mittags Alarm gewesen. Da mussten wir ja hinterher. Sind aber erst noch mal ins Quartier gegangen und haben schön Kaffee getrunken. Dann sind wir mit dem Auto hinterher gefahren. Viel weiter sind wir nicht gekommen. Nur eine halbe Stunde von Lobberich entfernt. Leider haben wir einen schlechten Tausch gemacht. Unser schönes Bett haben wir gegen Stroh umtauschen müssen. Hier sind nur einige Bauernhäuser. Sonst gar nichts. Keine Wirtschaft, Laden usw. Wir liegen mit 9 Mann in einer Stube. Die haben wir voll Stroh gepackt. Heizen können wir sie leider nicht. Ist lausig kalt darin. Jetzt sind wir vollkommen wieder auf unsere Feldküche angewiesen. Daran müssen wir uns erst wieder gewöhnen. Mit der Kochkunst unserer „Smutjes" ist es auch gerade nicht weit her. Aber wir schlagen uns schon durch. Nur wissen wir nicht was die ganze Verschiebung der Truppen für einen Zweck hat. Wir hoffen auch alle, dass wir hier bald wieder weg kommen. – Sylvester und Neujahr haben wir natürlich auch dementsprechend verlebt. Weggehen dürfen wir auch nicht. Also war es eine ziemlich trockene Angelegenheit. Ein paar Flaschen Wein haben wir mit Mühe und Not noch aufgetrieben. Das war auch rein alles. Heute habe ich zur Abwechslung mal Wache! Auf ein großes Vergnügen bei der Kälte!

Herzliche Grüße an Dich u. Ali.

Dein Otto!

Meine liebe Annemie!

Für Dein liebes Päckchen, welches ich heute erhielt, meinen herzlichsten Dank. Das ist doch immer eine besondere Freude, wenn
ein Päckchen mit einigen schönen Sachen ankommt. Wir leben
hier, im Verhältnis zum ehem. Privatquartier ja ziemlich be-
schränkt. An der Strohlager haben wir uns schon gewöhnt. Wenn
es Tagsüber nur nicht so kalt in der Bude wäre. Nachts wickeln
wir uns schon anständig ein. So das wir nachts nicht frieren. Nur
ist es ja natürlich keine bequeme Ruhe. Ich wache des Nachts
öfter auf. Denn ist meistens ein Arm lahm gelegen. Dann wälze
ich mich mit Krach auf die andere Seite. – Etwas Gutes hat dies
Quartier aber auch an sich. Wir haben nämlich lange nicht so viel
Dienst als sonst. Nun herrscht ja augenblicklich auch eine grimmige Kälte. Es ist bestimmt kein Vergnügen jetzt draußen Dienst
zu machen. Trotzdem müssen wir aber raus. Wenn wir erst tätig in
Bewegung sind, werden wir aber bald warm. Heute hatte es schon
den Anschein als ob wir weiter sollten. Heute Mittag hatten wir
plötzlich Alarm. Schnell alle Sachen verstaut und dann wurden
weitere Befehle abgewartet. Zum Schluss stellte es sich dann
heraus, dass der Alarm wieder abgeblasen war und wir uns wieder
häuslich einrichten konnten. So ist es leider meistens beim Kammiß[6]. Die halbe Zeit jenes Lebens, wartet der Soldat vergebens.

Leider dürfen wir hier nicht weggehen. Das ist um so betrüblich-
er, als Lobberich nur eine halbe Stunde von hier entfernt ist.
Sonnabends u. Sonntags dürfen 10% der Kp. dorthin. Morgen
werde ich wohl dort Glück haben. War bis jetzt auch noch nicht
wieder dran mit Urlaub. Gestern Abend waren wir dort zum Va-

---

[6] Militär.

rietee. War ganz nett. Donnerstagnachmittag waren wir dort ins
Kino und ließen uns von dem Film „Schneider Wibbel" u. „Ge-
nossen" langweilen. So versucht man uns ein wenig Abwechslung zu schaffen. Wir sind dankbar dafür. Herzl. Dank für die
Bilder. Sind doch sehr nett geworden!

Herzl. Grüße und nochmals besten Dank, auch an Ali, für die
schönen Sachen, und Gruß an Euch Beide

 von Eurem Otto!

Dienstag, d. 23. Jan. 40

Meine liebe Annemie!

Für Deinen lieben Brief meinen herzlichsten Dank. Du meinst
mein letzter Brief hätte schon etwas Zuversichtlicher geklungen.
Ja, ich glaube, dieser wird noch besser ausfallen. Wir haben uns
nämlich schon wieder bedeutend gebessert. Das heißt allerdings
nicht, dass wir unser Quartier wieder gewechselt haben. Wir haben uns jetzt einen Ofen aufgestellt. Der strömt eine mollige
Wärme aus. Der Ofen stand in unserer Stube in einer Ecke. Wir
haben schon immer spekuliert, wie wir ihn nur zum Nutzen machen könnten. Ein Schornstein ist nämlich auch in unserer Stube.
Nur fehlte es uns an einem Ofenrohr. Schließlich haben wir uns
an unseren ehem. Quartierwirt in Lobberich gewandt. Der war ja
so besorgt um uns. Zufällig hatte er auch ein Ofenrohr liegen. Das
hat er uns natürlich gleich zur Verfügung gestellt. Jetzt haben wir
eine warme Stube und brauchen nicht mehr zu frieren. Einer muss
auf Befehl von Spieß Brandwache schieben. Neulich, als wir alle
zum Dienst waren, ist in einer Stube ein Feuer ausgebrochen. Der
Stroh hat wahrscheinlich Feuer gefangen. Als sie zurück kamen,
war die Bude ausgebrannt. Ist aber weiter nichts passiert. Wir

haben nur den Nutzen daran. Einer muss den ganzen Tag auf der Bude bleiben. Heute bin ich dran. Das ist ein Posten, bei dem man es aushalten kann. Schön hinterm warmen Ofen sitzen und ungestört schreiben. Das ist so der richtige Dienst! Viel Dienst machen wir überhaupt nicht. Unser Hauptmann hat ein Einsehen mit uns. Er mag selbst nicht gerne raus bei der Kälte. Hier liegt allerhand Schnee. Heute schneit es wieder ein bisschen.

Am Freitagnachmittag waren wir mit der Kp. ins Kino. Wir sahen „Die Reise nach Tilsit". Hat mir sehr gut gefallen. Vorige Woche waren wir auch wieder ins Varietee. Diese Woche sollen wir, glaube ich, auch noch mal hin. So haben wir immer mal ein angenehme Abwechslung in unserer Einöde.

Am vorigen Sonntag hatte ich Urlaub nach Lobberich. Erst habe ich mal wieder schön Mittag gegessen und auch noch Kaffee getrunken. Natürlich in meinem ehem. Quartier. Dann war ich ins Kino und sah „Unsterblicher Walzer" oder „ Unsterbliche Melodien" genau weiß ich es nicht mehr. Jedenfalls war der sehr schön und voller Musik. Dann hab' ich noch ein bisschen getanzt und mir einen kleinen geschnasselt!

Herzliche Grüße Dein Otti!

Achte bitte auf die neue Feldp. Nr. 06356C. Mit „großem" C.

(Postkarte)

Sonntag, den 4.Febr. 40

Liebe Annemie!

Einen schönen Gruß an einem gemütlichen Beisammensein unter Marnera senden Dir

Werner Amanig   Friedrich Spientler.

Wir liegen zur Zeit alle zusammen in einem Ort. Die Gelegenheit wird natürlich gleich ausgenutzt.

Dein Otto

Liebe Annemie!

Die besten Grüße sendet Dir Dein Schulkamerad Werner Amanig. Uns geht's hier sehr gut; das Marner Bier schmeckt doch besser. In 14 Tagen gehe ich auf Urlaub, dann werde ich mal alles wieder nachholen.

Mittwoch, d. 7. Febr. 40

Meine liebe Annemie!

Für Deinen lieben Brief meinen herzlichen Dank! Nun ist des Winters Macht wohl vorbei. Gott sei Dank! Wenn nun man erst alles auf- und durchgebaut ist, ist der größte Schrecken des Winters wohl vorbei. Auf die Dauer ist die Kälte auch nicht angenehm. Wenn alles wieder trocken ist, fängt bei uns auch wohl etwas mehr Aktivität im Dienst an. Das ist nun ja wieder ein kleiner Nachteil. Übrigens haben wir wieder mal Stellungswechsel gemacht. Seit Sonnabend, Papas Geburtstag, sind wir aus Oberbochold[7] fort. Bis Dienstag waren wir in einem kleinen Dorf, ganz in der Nähe von Dülken, unserem ersten Quartier. Dort lagen wir in der Schule. War auch gar nicht schlecht. Dienstag sind wir dann abermals weitergegangen. Jetzt liegen wir zwischen Lobberich und Dülken. Ich liege mit einem Kameraden zusammen in Privatquartier. Wir müssen uns allerdings ein Bett teilen. Aber wir können uns gut vertragen. Jedenfalls ist es mal wieder ganz angenehm mal wieder privat wohnen. Wenn man jeden Abend die Klamotten ausziehen kann, ist doch ein viel angenehmeres Haben.

Sonntag war ich mit Werner Ludwig und Friedrich Spieker zusammen. Wir haben einen schönen Nachmittag und Abend zusammen verlebt. Haben uns aus Marne und auch viel aus Beck erzählt. Werner ist noch immer der alte. Er rechnet damit, dass er Ende Februar auf Urlaub kommt. Wir haben auch viele Karten von Stapel gelassen. Du wirst auch wohl dein inzwischen erhalten haben!?

---

[7] In Nordrhein - Westfalen.

25

Von Klärchen erhielt ich diese Woche auch ein Päckchen. Es enthielt auch eine Schachtel Zigaretten von Ali. Sage ihm bitte meinen herzlichsten Dank. Ein Paket von Mutti bekam ich auch. Es enthielt Geburtstagskuchen und Geburtstagszigaretten. Leider habe ich mir schon zu Gemüt gezogen. Hatte gerade Wache. Da habe ich in der Freizeit Kuchen geknabbert und Zigaretten geschmaucht! – Heute ist ja Aschenmittwoch. Hier laufen viele mit einem Kreuz auf der Stadt herum. Womit sie sich das aufgemalt haben weiß ich nicht. Wahrscheinlich ist es Asche. Sieht ulkig aus! Herzliche Grüße an Dich und Ali.

Dein Otto!

Montag, den 19.Febr. 40

Meine liebe Annemie!

Für Deinen lieben Brief meinen herzlichsten Dank. Ich erhielt ihn zusammen mit einem Päckchen von Mutti, welches Geburtstagskuchen enthielt. Natürlich habe ich an Muttis Geburtstag gedacht. Habe auch rechtzeitig geschrieben, so dass er nach meiner Bewegung genau am Geburtstag eintreffen müsste.

Ja, des Winters Abschied habe ich wohl etwas früh angekündigt. Er hat sich hier auch noch mal mit Macht eingestellt. Heute hat es wieder tüchtig geschneit. Für diese Gegend ist es etwas Ungewöhnliches. Mir macht es wieder nicht aus. Wir haben auch nur einen Vorteil daran. In bezug auf Dienst! Aber trotzdem würde ich nicht böse sein, wenn der raue Gast uns endlich mal verlassen würde.

Viel Abwechslung haben wir hier eigentlich nicht. Es gibt ab und zu mal Varieté hier. Das ist aber auch alles. – Freitag hatten wir zur Abwechslung mal Alarm. Um 12 ¼ Uhr ging es schon los. Sämtliche Klamotten mussten mit. Bis um 7 ¼ Uhr haben wir in einem Saal gelegen und gewartet, dass es los gehen solle. Wir haben aber keine lange Weile. Abends sollte in dem Saal nämlich Varieté sein. Da wir uns das nun ja nicht ansehen konnten, haben wir bei der Probe zusehen dürfen. War auch ganz interessant und zeigte uns das „Spiel" mal an einer ganz anderen Seite.

Um 7 ¼ - 8 ½ haben wir dann noch auf der Straße gestanden. Als wir uns dann endlich in Bewegung hetzten, waren wir natürlich alle bis auf die Knochen durchgefahren. Aber so ist es nun mal eben beim Kammiß. Die halbe Zeit seines Lebens wartet der Soldat vergebens. Um 12 Uhr waren wir wieder im Quartier. – Sonnabend und Sonntag war ich auf eigene Faust in Dülken. Sonnabend war ich ins Kino und hab' mir den sehr schönen Film „Das Gewehr über!" angesehen. Da fühlte ich mich mal wieder in ein schönes, friedensmäßiges Kasernenleben versetzt. – Sonntag war ich zur Kindtaufe eingeladen. Beim ehem. Quartiergeber ist der zweite Junge geboren worden. War sehr nett. Überhaupt gehe ich sehr gern nach Dülken. Dort war es doch noch am schönsten. Der Junge ist Montagabend geboren. 10 hat er gewogen. Ein prächtiger Kerl. Die Mutter war schon wieder eifrig am Wirten!

Von W. Ludwig soll ich wieder schön Grüße bestellen. Vielleicht fährt er nächsten Montag auf Urlaub!

Herzliche Grüße

Dein Otto!

Herzliche Grüße an Ali!

Meine liebe Annemie!

Herzlichen Dank für Deinen lieben Brief. Er brachte ja gerade nicht viel Erfreuliches über Deinen Gesundheitszustand. Doch sind es ja Gott sei Dank alles keine ernsten Erkrankungen, von denen Du zurzeit befallen bist. Eigentlich ja etwas reichlich viel auf einmal. Hoffentlich bist Du jetzt wieder hergestellt!? Eigentlich geht es mir augenblicklich auch nicht viel besser. Habe einen argen Schnupfen. Das ist besonders in der Nacht unangenehm. Dann wache ich oft auf weil ich keine Luft mehr bekomme. Dann versuche ich durch den Mund zu atmen. Damit habe ich aber nur wenig Erfolg. Aber so allmählich dusel ich doch wieder ein. Auch habe ich etwas Zahnschmerzen. Ich glaube mich quält so ein höchst überflüssiger Weisheitszahn. Wofür der nun dann noch gut sein soll, ist mir vollkommen unklar. Aber das geht wohl alles wieder weiter. – Übrigens sind wir Freitag mal umgezogen. Allerdings ging es diesmal ohne Alarm und Ortswechsel vor sich. Wir haben nur unser Privatquartier mit einem Strohlager tauschen müssen. Es war nämlich nur der erste Zug Privat einquartiert. Jetzt haben wir mit dem zweiten Zug mal getauscht. Ist ja auch nicht mehr als Recht. Wir haben 4 Wochen privat gewohnt. Ob die nun auch so lange gut daran haben, bezweifle ich stark. Jetzt wohne ich in der Schule. Ist eigentlich gar nicht so schlecht. Schön warm haben wir es. Einen kleinen Volksempfänger haben wir auch. Der spielt den ganzen Tag ununterbrochen. Immer ganz schön Musik aus Köln! – Gestern war ich mal wieder nach Dülken ins Kino. Es gab „Kongo- Express". Hat mir sehr gut gefallen. Morgen ist hier wieder ein Vorführung von einer Gaufilmstelle. Die spielt „Gouverneur". Werde ich auch wohl hingehen. Ich glaube aber ich hab' ihn schon gesehen. Genau weiß ich das nicht mal. Vorigen Sonnabend habe ich mir den „Feldzug in Polen" angesehen. Als alter Polenkämpfer muss man das ja natürlich gesehen haben. Allerdings vom Kern der Sache, von uns wird wenig gezeigt. Na, ist ja auch nur verständlich. Wer geht wohl neben der latschenden Infanterie mit einem Filmkasten her? – Heute haben wir ein bisschen mit Floßbooten gepaddelt. Drei Mann sind dabei ins Wasser gefallen. Natürlich eine kalte Partie und wir haben uns darüber köstlich amüsiert. So sind wir!!

Herzliche Grüße, und gute Besserung

Dein Otto!

Gruß an Ali!

Sonntag, d. 17.März 40

Meine liebe Annemie!

Für Dein liebes Päckchen meinen herzlichsten Dank. Natürlich hab' ich mich mächtig dazu gefreut. Päckchen lösen immer doppelte Freude aus. Der Inhalt ist so ziemlich schon alle. Bis auf die Datteln. Die hab' ich mir noch aufgehoben, um sie mit besonderem Genuss zu verzehren!

Inzwischen haben wir mal wieder einen kleinen Quartierwechsel gemacht. Sind einige km weiter gewandert. Sechs Wochen waren wir im Binsheim. In bezug auf unsere Unterkunft haben wir uns auch etwas gebessert. Wenn wir auch nicht direkt privat wohnen, so doch halbwegs. Wir haben mit sechs Mann eine schöne Stube. Wir haben nur zu unserem Ruhelager Strohsack gestopft. Der ist bedeutend sauberer und auch bequemer. Ein schöner Ofen sorgt für mollige Wärme. Das Zimmer ist tapeziert und die Fenster sind sogar mit Gardinen behangen. Zur weiteren Ausstattung gehören noch ein großer Tisch, 6 Stühle und ein Sofa. Also sehr wohnlich haben wir es und wir sind sehr zufrieden damit. Zum Essen haben die heute uns Teller und Tassen zur Verfügung gestellt. Augenblicklich müssen wir uns selbst unser Essen kochen. Die Feldküche wird nämlich überholt und kann daher nicht kochen. (Ich habe sie mit einem neuen Anstrich versehen). Unsere Fleischportion bekommen wir ausgeliefert. Kartoffeln besorgen wir uns selbst. Gestern gab es Gulasch. Heute auch Gulasch mit Sauerkraut und Pudding. Ja, so machen wir es uns so nett wie möglich. Uns schmeckt es großartig und wir sind sehr zufrieden! Hier gibt es wenigstens auch ein Kino. Zwei mal habe ich es schon besucht. Einmal sah ich: „Stärker als die Liebe" und heute nach langer Zeit mal wieder meinen Schwarm Hans Albers in „Ein Mann auf Abwegen". Beide Filme waren sehr nett. Allerdings sind die früheren Hans Albers Filme anderer Art. Diese ist nicht mit Sensationen und Raufereien gespickt. Aber trotzdem sehr nett! – Gestern hatten wir mal wieder ein Kp. Fest und zwar in Dülken. War sehr nett. Habe nach langer Zeit mal wieder getanzt. Die Ein und Rückbeförderung geschah mit Autobussen der Organisation Todt[8]. – Heute traf ich W. Ludwig mal wieder. Wir wollen uns

---

[8] Die Organisation Todt (OT) entwickelte sich im Frühjahr 1938 aus der vom Generalinspekteur für das Straßenwesen, Dr. Ing. Fritz Todt, im Zusammenhang mit dem Bau der Reichsautobahn geschaffenen Einsatzkräfte. Hintergrund für die Bildung der OT war der Bau des "Westwalls" ab 1938, einer umfangreichen militärischen Befestigungsanlage an der Westgrenze des Deutschen Reiches. Im Zweiten Weltkrieg bildete sich mit der OT eine militärisch organisierte Bautruppe, die dem Reichsminister für Bewaffnung und Munition (RMfBM, ab März 1940; im September 1943 umbenannt in Reichsminister für Rüstung und Kriegsproduktion, RMfRK) unterstellt war.

bald mal wieder einen gemütlichen Abend machen. Geheiratet hat er noch nicht! Jetzt weißt Du mal wieder wie und wo ich lebe und siehst, dass es mir in der neuen Umgebung gut geht.

Herzliche Grüße und ein frohes Osterfest wünscht Dir und Ali.

Dein Otto!

Sonnabend, den 23. März 40

Meine liebe Annemarie!

Zu Deinem Geburtstage wünsche ich Dir alles Gute und sende Dir herzlichsten Glückwünsche. Möge Dir das neue Lebensjahr nur Gutes bringen und alle deine Wünsche in Erfüllung gehen!

Morgen haben wir nun Ostern. Ich hoffe, dass Ihr Kieler dies Fest alle in Marne erlebt habt. Ich werde mir es nach Möglichkeit auch so gemütlich machen wie die Umstände es mir hier gestatten. Viel wird wohl nicht dabei heraus kommen. Hier ist nämlich gar nichts los. Die einzige Abwechslung, die wir hier haben, ist noch das Kino. Da werde ich auch bestimmt hingehen. Es wird „Sensationsprozess Casilla" gespielt. Gestern war ich auch hier. Da gab es „Die unheimlichen Wünsche". Hat mir ganz gut gefallen. Zuerst ging es allerdings etwas auf flottere. Der Ton war sehr schlecht. Kaum zu verstehen. Natürlich setzte prompt ein entrüstetes Pfeifkonzert von den Soldaten ein. Als der Schaden behoben war, ging es auch ohne Stimmung weiter. - Weiter habe ich in meinem Osterprogramm ein Besuch in Lobberich vorgesehen. Da war ich schon seit langer Zeit nicht mehr. Wäre auch gerne mal nach Dülken gegangen. Aber das sind jetzt 9 km zu tippeln und mir ein bisschen weit. Am meisten freue ich mich auf die beiden dienstfreien Tage. Zu allem Überfluss ist Morgen früh noch Feldgottesdienst. Allerdings erst um 10 ½ Uhr. Also wird mein „Nachtruhe" nicht wesentlich gestört. Die mag ich auch gerne ungestört verbringen. Wir hatten ja Gestern auch schon einen Sonntag außer der Reihe. Leider habe ich dran nichts gehabt. Ich war dazu bestimmt, um Karfreitag Wache zu schieben. Ich habe mich aber damit gewöhnt, dass es immerhin noch besser war als Ostern Wache zu schieben! - Mittwoch hatten wir hier einen unerwarteten Besuch von einem ehem. Stubenkameraden aus der Kaserne. Der ist in Polen schwer verwundet worden. Hat 7 Schüsse bekommen. Davon 4 ins Fleisch. Hat ein viertel Jahr im Lazarett gelegen. Jetzt ist er in Neumünster. Ist noch immer in Behandlung. Bei einem Lt. ist er Bursche gewesen. Der Lt. ist nach hier, zum Rgt. Stab versetzt worden. Da hat er ihn begleitet und sein Gepäck mit befördert. Diese Gelegenheit hat er gleich ausgenützt um uns mal zu besuchen. Wir waren natürlich alle barsch und hoch erfreut. Haben in schönen Erinnerungen geschwelgt. Jetzt will er wieder zu uns zurück! Es ist doch immer herrlich, nach langer Zeit mal wieder einen Kameraden, mit dem man alles zusammen erlebt hat, wieder zu treffen!

Nochmals herzliche Glückwünsche und viele liebe Grüße, Dein Otto!

Sonntag, den 7. April 40

Meine liebe Annemie!

Für Dein liebes Geburtstagspäckchen, meinen herzlichsten Dank.
Es kam pünktlich an. Über den Inhalt habe ich mich natürlich sehr
gefreut. Sag' bitte Ali auch meinen herzlichsten Dank. Das Buch
ist ganz nach meinem Geschmack. Habe schon etwas drin gelesen
und finde es sehr ulkig. Dein Päckchen kam zusammen mit zwei
von Mutti und eins von Lilly an. Klärchens hatte sich ein wenig
verfrüht und kam schon Donnerstag an! – Von zu Hause bekam
ich auch noch ein Buch. „Der kalte List". Ein Kriminalroman.
Auch etwas für mich. Im übrigen bestand der Inhalt aus Ess- und
Rauchwaren. Von Lilly schickte mir zum größten Teil nützliche
Sachen als Schuhwaren, Seife, Butter, Rasierklingen usw. Alles
schöne Sachen, die ich gut gebrauchen kann. Da hat Fiede wohl
für gesorgt. Der weiß ja am besten was ein Soldat gut gebrauchen
kann. Fiede hat ja richtig mal Glück gehabt. Wie Lilly sich wohl
freut. Vielleicht braucht Fiede ja gar nicht erst wieder nach dem
Westen, wenn der Kursus beendet ist. Ende August, Anfang Sept.
kann der Krieg ja schon beendet sein. Bis dahin kann viel passieren! Hoffen wir das Beste. Unser Führer wird die Sache schon
deichseln! – Nun zu meinem Geburtstag zurück. Abend war ich
erst ins Kino und sah „Sterne von Rio". Leider ist der Ton in dem
Kino sehr schlecht. Die Hälfte kann man nur verstehen. Sonst war
der Film sehr nett. Mit meinem Gehör ist es augenblicklich auch
ganz schlecht. Ich höre sehr schlecht. Wenn das so bleibt, muß ich
zum Arzt gehen! Ich hoffe aber, dass es nur vorübergehend ist!
Nach Kinoschluss bin ich mit einigen Kameraden zum Geburts-
tagsschoppen gegangen. Wir haben ihn ordentlich begossen, so
wie es sich gehört. Dabei kamen mir Deine Scheine natürlich
auch recht zu statten. Bis 1 Uhr haben wir angehalten. Da war ich
auch blank. Heute bekam ich aber schon wieder Ersatz. Ich bin
am 1.April nämlich Gefr. geworden. Das mußte ja auch gefeiert

werden. Dazu hat Papa mir 10 RM und Elly 4 RM geschenkt. Die bekam ich heute und die haben meinen Geldbeutel wieder gefüllt. Als Gefr. bekomme ich ja auch 2 RM mehr an jeder Löhnung. Sonst bleibt aber alles beim alten.

Für uns ist morgen auch noch Sonntag. Wir haben diese Woche nämlich Besichtigung gehabt. Als Belohnung, weil es so gut geklappt hat, haben wir von Regimentskdr. einen Tag dienstfrei bekommen. Das lohnt sich schon was? Dann machen wir gerne mal wieder Besichtigung! – Zum Schluss nochmals herzlichen Dank und herzliche Grüße an Dich und Ali

Dein Otto!

Für das Wunschkonzert haben wir auch jeden 20 Pfg. gestiftet. Das geht von der ganzen Div. aus. Vielleicht hörst Du es ja. Wenn wir erwähnt werden, denk an mich!

Dienstag, den 16.April 40

Meine liebe Annemie!

Herzlichen Dank für Deinen lieben Brief. Um es gleich vorweg zu nehmen, will ich Dich gleich über mein Gehör beruhigen. Es ist schon wieder etwas besser. Oder viel mehr auf den alten Punkt angelangt. Ist also wohl nur eine Erkältung gewesen. Also beruhige Dich! – Ja die letzten Tage haben eine ganz neue Lage geschaffen. Gott sei Dank nur zu unseren Gunsten. Der Engländer hat mal wieder ordentlich eins ausgewischt bekommen. Daran hat er wohl noch etwas zu knappern. In Zukunft wird er die Vorteile der Besatzung am uns, auch wohl noch an sich spüren werden. Es hat wohl ziemlich doll dort hergegangen. Schade, wäre auch gern dabei gewesen. Das wäre mal wieder ein Erlebnis gewesen. Ich beneide die, welche dabei sind, darum. Obwohl es in Norwegen nicht ganz reibungslos von statten geht. Aber das muss man eben mit in Kauf nehmen und ist für den Gesamterfolg auch ja nur eine Kleinigkeit! Reiner Kühl ist ja wohl auch mit dabei. Der fährt ja auch einen Zerstörer. Bin neugierig wie es ihm dabei ergangen ist. Die Zerstörer haben ja schwere Gefechte und einen schweren Stand gehabt! Die Engländer haben sich ja sogar erdreistet einen Bahnhof in unserer Heimat anzugreifen. Wir wissen nur nicht um welchen Bahnhof es sich handelt. Doch wird hier erzählt, dass es Hemmingstedt gewesen sei. Der ist ja gerade nicht von großer Wichtigkeit und hat auch noch nicht mal was abbekommen!

Heute morgen hatten wir mal wieder Alarm. Allerdings war es mir ein Probealarm. Von 10-12 Uhr mussten wir auf dem Appell-platz stehen. Dort wurden unsere Sachen kontrolliert und festge-stellt ob wir alles mithatten. Ja, das war wohl die Generalprobe für den nächsten Ernstfall!

Vorige Woche war ich wieder zwei mal ins Kino und sah „Der singende Tor" und „Das Recht auf Liebe". Beide Filme waren sehr nett. Einmal waren wir auch ins Varietee. Haben mal wieder tüchtig gelacht! Morgen Nachmittag sollen wir auch ins Kino. Was gespielt wird, weiß ich allerdings noch nicht! – Unser Quar-tier zu fechten haben wir noch immer. Finden es sehr gemütlich und wollen hier gar nicht wieder raus. Natürlich ist es mit unserer Selbstkocherei schon längst wieder vorbei. Jetzt sorgt die Feldkü-che wieder für unser leibliches Wohl! – habe heute die Bücher, welche ich zum Geburtstag bekam, eingepackt und will sie mor-gen nach Hause schicken. Sie dauernd mit herumschleppen, dazu sind sie mir doch zu schade. Bei der Gelegenheit habe ich auch eine Tüte Bohnenkaffee mit ausgeliefert. Kaffee müssen wir uns nämlich selbst kochen. Den habe ich mir allerdings ein bisschen ergaunert. Aber wir haben genug davon. Hoffentlich ist für die

Lieben zu Hause ein seltener Genuss und sie freuen sich ein wenig dazu. Ich mach mir ja nicht viel daraus!

Herzliche Grüße

Dein Otto!

Freiburg, den 26. April 40

Meine liebe Annemie!

Für Deinen lieben Brief, meinen herzlichsten Dank! Da wir heute einen dienstfreien Tag haben, will ich ihn gleich dazu benutzen, meine Briefschulden zu erledigen. Zwei Briefe sind schon fertig! Den dienstfreien Tag haben wir uns Montag beim Rgt. Kdr. erobert. Wir hatten Montag nämlich ein Btl.s Übung mit Panzern. Die Übung war hier in der Gegend in einer Heide. Um 5 Uhr sind wir schon los gezogen und waren um 16 Uhr wieder zurück. War ein ganz anständiges Stück zu trippeln. Schweiß hat es auch genug gekostet. Es war nämlich sehr heiß. Aber ich finde es schön. Das Wetter war überhaupt herrlich die letzten Tage. Die Natur grünt und blüht. Es ist eine wahre Pracht. Jetzt ist es allerdings etwas abgekühlt. Vorgestern Abend hatten wir ein kleines Gewitter. War aber nicht doll! – Vielleicht haben wir morgen auch noch dienstfrei. Sonntag haben wir nämlich eine Stunde Unterricht gehabt zur Besprechung der Übung am Montag. Dafür hat uns der Btl.s Führer einen dienstfreien Tag versprochen. Er hat sich auch schon! Ich habe noch einen Tag extra zu gute weil ich Sonntag den ganzen Tag Stahlhelme gestrichen habe. Die haben einen neuen Tarnanstrich bekommen. Hoffentlich betrügen sie mich nicht darum. In der nächsten Woche haben wir auch noch zwei Sonntage außer der Reihe. Der 1. Mai und Himmelfahrt. Und

36

dann kommt Pfingsten. Da kannst Du Dir ungefähr ein Bild machen, wie der Dienstbetrieb bei uns ist. Diese Woche haben wir überhaupt noch keinen Dienst gemacht. Außer Montag natürlich. Haben immer Arbeitsdienst gemacht. Auf dem Bahnhof Stroh abgeladen. Oder in den Quartieren im Garten gegraben. Ich musste allerdings immer den Pinsel schwingen. Aber der Dienst gefällt uns so. Wenn die Sonne heute schien, würde ich mich ein bisschen in der Sonne aalen. Bin schon ordentlich braun! – Die Engländer haben Heide und Sylt ja mal wieder ein bisschen bombardiert. Hoffentlich haben sie es nicht ungestraft gemacht. Dafür müssen sie anständig eins auf den Hut bekommen! Sie werden ihre Strafe schon bekommen!

Herzliche Grüße Dein Otto!

Gruß an Ali!

Montag, den 6. Mai 40

Meine liebe Annemie!

Herzlichen Dank für Deinen lieben Brief! Ja, nun sind die guten Tage erst mal vorüber. Für uns haben sie eigentlich keinen guten Abschluss gehabt. Am 1. Mai ist bei uns in der Kp. nämlich eine große Schweinerei passiert. Ein Mann der Kp. hat sich so ordentlich voll laufen lassen und hat anschließend allerhand Unheil angestellt! 1. hat er Frauen angefallen. 2. Befehlssverweigerung gemacht. 3. Tätliger Angriff gegen Vorgesetzte. 4. Seinen Dienst als Meldewache nicht angetreten und 5. Munition unterschlagen. Das ist ein ganz netter Haufen auf einmal. Die Sache steht wohl ziemlich schlimmer für ihn. Der Btl. Führer war am andern Tag bei uns und hat uns gewaltig die Leviten geblasen. Wir stehen dann aber ganz kühl gegenüber und fragen uns nur: was können wir denn dafür!? Er hat uns auch mehr Dienst angedreht und Abknappung des Urlaub. Uns kann aber ja schon lange nichts mehr erschüttern! – Der Mann ist jung verheiratet und soll Pfingsten Vater werden. Ja, es kann im Rausch schon allerhand geschehen! - Ich will aber trotz dieser Drohung Urlaub einreichen und Pfingsten mal auf einen Tag nach Dülken. Da war ich schon lange nicht mehr!

Die beiden Feiertage habe ich gut verlebt. Den größten Teil habe ich allerdings – in – der – Sonne – liegend - verbracht. Hier war nämlich herrliches Wetter. Meine Bräune hat mal mächtig zugenommen. Aller wundern sich darüber. Ich bin natürlich stolz auf meine Farbe! Am 1.Mai habe ich mir dann mal die „Feuertaufe" angesehen. War ganz interessant. Sonnabend sah ich den Film, „Dein Leben gehört mir". Hat mir sehr gut gefallen. – Vorige Woche waren wir auch mal ins K.d.F.[9] Theater und sahen das Stück „Die drei Eisbären". War sehr lustig. Morgen gehen wir wieder ins Varietee! – Sonnabend und Donnerstag war das Wetter hier nicht besonders. Es grünt und blüht hier, es ist einfach herrlich. Zum Teil hat es schon ausgeblüht!

Zum Schluss einen herzlichen Gruß an Dich und Ali, und ein recht frohes Pfingsten!

Euer Otto!

---

[9] „Kraft durch Freude"; NS-Gemeinschaft; gegründet am 27. Nov. 1933.

D. Belgien

(Postkarte)

Belgien, d. 19.5.40

Meine liebe Annemie!

Einen schönen Gruß aus Belgien sendet Dir Dein Otto! Mir geht es sehr gut! Wir brauchen nicht mehr tippeln! Haben uns alle Fahrräder besorgt!

Herzl. Gruß

Dein Otto!

Belgien, d. 29.Mai 40

Meine liebe Annemie!

Seit gestern haben die Belgier die Waffen niedergelegt. Daran haben sie bestimmt gut getan. Und wir haben einen Feind weniger! Was jetzt weiter mit uns geschieht weiß ich nicht. Wir sind aber schon bald wieder am Feinde. Hier ganz in der Nähe knallt es schon wieder. Ich glaube dort sitzen noch Engländer. Wir sind ganz in der Nähe der Küste, etwa 20 km davon entfernt. Hier sind wir jetzt 9 km von Langemark entfernt. Wie die hier heißt weiß ich nicht. Man wird aus dem täglichen Wechsel nicht mehr klug. Ich lege ein paar Briefmarken mit bei. Die habe ich für Ali gesammelt. Vielleicht kann er sie ja gebrauchen! Mir geht es sehr gut. Hoffe dasselbe von Dir!

Herzlichen Dank für Deine Briefe!

Herzliche Grüße

Dein Otto!

(Postkarte)

Belgien, d. 1. Juni 40

Meine liebe Annemie!

Herzlichen Dank für Deinen lieben Brief! Nach der Kapitulation der Belgier haben wir jetzt erst mal Ruhe. Wir warten auf den neuen Einsatzbefehl. Wohin der nur wohl führen wird? Wir wissen es nicht. Die Ruhe haben wir uns auch wohl endlich verdient. Es waren harte Tage der Kämpfer. Heute Abend ist der Führer auf der Straße, ein paar Hundert Meter von hier vorbeigekommen. Leider haben wir es nicht vorher gewusst und ihn auch leider nicht gesehen! Das wäre ja ein herrliches Erlebnis gewesen! Schade! Habt Ihr die Briefmarken erhalten!

Herzliche Grüße,

auch an Ali

Dein Otto!

„14. Juni 41. Urlaub an Munster"

„Fronturlaub. Nov. 1940"

E. Frankreich

Frankreich, d. 5.Juni 40

Meine liebe Annemie!

Heute Morgen um 10 ¾ Uhr sind wir über die franz. Grenze geschritten. Jetzt haben wir wieder Quartier bezogen. Eine leerstehende Wohnung. Ich habe eine Matratze erwischt und werde dort meine mindern Knochen mal ordentlich auf strecken. Es ist sehr heiß. Hier hab' ich schon die ersten jungen Erbsen gegessen. Auch die Erdbeeren sind schon zum Teil reif! – Wir haben augenblicklich sehr viel Ruhe. Sind lange nicht am Feind gewesen. Was sie mit uns vorhaben ist mir rätselhaft. Gestern waren wir in Messine. Dort ist der Führer im Waldkrieg verwundet worden. In der Kirche hat er im Keller gelegen. Tags zuvor, bevor wir dort hinkamen, ist der Führer dort gewesen. Leider haben wir ihn nicht gesehen!

Die Freimarken fand ich hier im Quartier! Da hab' ich gleich an Ali gedacht. Hoffentlich kann er welche daran gebrauchen! Sind die anderen schon angekommen?

Herzliche Grüße, auch an Ali,

Dein Otto!

Paris, d. 20 Juni 40

Meine liebe Annemie!

Herzliche Grüße aus Paris! Seit gestern sind wir, unsere Div., auf persönlichen Befehl des Führers, Besatzungstruppe von Paris. Am 16.ten waren wir zum ersten mal in Paris. Haben eine Parade vor unserem Div. Kdr. gemacht. Sind am Eifelturm und Triumphbogen vorbei gezogen nach Versailles. Dort haben wir ganz nobel gewohnt. In einem Pensionat. Mit 4 Mann eine Stube. Gelebt haben wir dort auch gut und in Sekt geschwelgt. Zuletzt mochte ich nichts mehr dran sehen und habe mir eine Flasche Bier gekauft. Es ist alles sehr billig hier. Sekt kostet ungefähr 1 RM. Ein Frank ist 5 Pfg. Leider kann man ja nichts mitbringen oder etwas nach Hause schicken. Sonst könnte man hier allerhand billig und ohne Punkte bekommen!

Wir haben unseren Einzug in einer Kaserne gehalten. Die Kasernen sind nagelneu. Aber ein Dreckstall ohne gleichen. Wir haben gleich einen ganzen Tag geschrubbt. Es kam ein gewaltiger Dreck zum Vorschein. Die mussten mal alle nach den Preußen und mal so einen kleinen Drill von uns haben! Die Einrichtung ist auch nur primitiv! Die Fensterscheiben sind alle übergestrichen. Von wegen der Verdunkelung! Die haben doch wohl mehr Angst vor unseren Fliegern gehabt, als sie zugeben wollen. Bettstellen sind auch keine da. Nur primitive Holzpritschen. Darauf Strohsäcke und ein Steppdecke. Bettzeug kennen sie auch anscheinend nicht. Aber es schläft sich doch ganz gut drauf. Habe heute Nacht zum ersten mal seit Monaten die Hose aus gehabt. Heizung oder Ofen sind auch keine da. Die Lichtleitung ist zum Teil demoliert. Also mit einem Wort: Katastrophal!

Wir machen jetzt natürlich auch wieder eifrig Dienst. Der Anschiss blüht wieder. Aber das macht uns nichts mehr aus. Haben ja schon andere Dinge mitgemacht! – Wir werden hier auch noch eine Führerparade mitmachen. Dafür müssen wir nun ja eifrig exerzieren. Aber darauf freue ich mich schon! Zeit ist noch unbekannt. – Bei der Parade am Div. Kdr. am 16ten, sind wir auch gefilmt worden. Vielleicht entdeckst Du mich ja mal auf der Leinwand!

Lege noch einige Freimarken für Ali mit bei. Sind die anderen schon angekommen? Dies sind die dritten!

In alter Frische

Dein Otti

Paris, den 30. Juni 40

Meine liebe Annemarie!

Herzlichen Dank für Deinen lieben Brief. Dies ist nun schon der zweite, den Du von mir aus Paris erhältst. Wer hätte das gedacht! Wenn ich darüber nachdenke, ist es eigentlich komisch, dass wir jetzt doch in Paris sind. Wir haben nämlich in dem halben Jahr als wir im Rheinland lagen, immer im Ulk vom unserem Einmarsch und der „Siegeszweck" in Paris gesprochen. Jetzt ist es tatsächlich so gekommen. Die Parade vor dem Führer stehe uns nah bevor. Wann sie genau ist, steht noch nicht fest. Wir exerzieren schon eifrig dafür. Geputzt wird auch eisern. Neue Klamotten bekommen wir auch noch. Es wird ja eine wahre Parade werden. Ich freu' mich auch schon mächtig dazu!

Nun willst Du wohl gern wissen was so unsere Aufgabe als Besatzungstruppe ist? Wir stellen hier Außenwachen und Ehrenposten. Und zwar ist es so geregelt, dass wir immer alle 3 Tage Wach frei haben. In der anderen Zeit dürfen wir die Kaserne nicht verlassen weil wir dann in Bereitschaft liegen! – Die Augenwachen haben die Aufgabe, die Stadt von Außen abzuriegeln und jeden Verkehr zu kontrollieren. Es darf nämlich kein anderer, der nicht zur 30 Division gehört, Paris ohne Erlaubnis unserer Div. Kdr. betreten. Ganz gleich ob es ein General oder Minister ist. Paris soll nämlich auf Befehl des Führers nicht zu einem Vergnügungsort gemacht werden! Außenwache habe ich noch nicht mitgemacht. Ich bin nämlich mit zu den Ehrenwachen eingeteilt. Dazu sind aus jeder Kp. die 30 Besten ausgesucht. Einmal habe ich das schon mit gemacht. Alle 9 Tage kommen wir dran. Mit Musik ziehen wir auf. Das ist schneidig. Genau wie in Berlin die Wache. Ich habe vor dem Armeeoberkommando gestanden. Alle Stunde wird abgelöst. Müssen immer stillstehen. Dürfen uns nicht rühren. Vor jedem Offizier präsentieren. Neulich kam Generaloberst von Bock[10]. Überhaupt kamen dort viele Generäle und Admiräle!

Dienstag ziehen wir wieder auf!

Zum Zahnarzt war ich hier auch schon. Der ist nun ganz am anderen Ende der Stadt. Mit dem Fahrrad muss ich 1 ½ Stunden fahren. Das ist ganz interessant. Natürlich nutze ich die Gelegenheit aus und bleibe einen ganzen Tag weg. Bummel ein bisschen

---

[10] Generaloberst Fedor von Bock (1880- 1945) war der Oberbefehlshaber der Heeresgruppe B, die mit Beginn der deutschen Westoffensive die neutralen Niederlande und Belgien überfällt. Am 14. Juni, beim Einmarsch in Paris nimmt Bock am Arc de Triomphe die Parade der Wehrmacht ab.

durch Paris. Verlaufen kann man sich gar nicht in Paris. Es geht nämlich ein großartiges Netz von Straßen durch die Stadt. Jetzt wo ich schon mehr von Paris gesehen habe und das alte Leben so langsam wieder seinen gewohnten Gang geht, sieht die Stadt doch wesentlich anders aus. Der erste Eindruck hat mich getäuscht. Paris ist ein sehr schöne Stadt! Die Sandsackbarrikaden an den Denk – und Kunstmälern werden jetzt auch wieder entfernt. Sie hatten alles mächtig verbarrikadiert! Die U-Bahn können wir unentgeltlich benutzen. Davon wird natürlich rege Gebrauch gemacht!

Herzliche Grüße, auch an Ali,

Dein Otto!

Paris, den 15. Juli 40

Meine liebe Annemie!

Herzlichen Dank für Deinen lieben Brief. Dauert es wirklich 10-12 Tage ehe meine Post Dich erreicht? Dein Brief vom 11ten bekam ich schon heute. Also ganz schnell. Aber weil meine Post so lange unterwegs ist, will ich auch gleich wieder schreiben. Übrigens bist Du ja gar nicht in Kiel, wenn dieser Brief ankommt. Wie lange dauert denn Euer Urlaub? Verlebt und genießt ihn nur recht schön! – Heute Nacht hatten wir ein Gewitter. Viel hab' ich allerdings nicht davon gemerkt. Aber bei einem besonders harten Schlag bin ich doch aufgewacht. Einer fantasierte im Schlaf von einem Bombenangriff der Engländer auf Paris. Aber bis hier sind sie noch nicht gekommen! Wir mögen auch lieber die Nacht durchschlafen. Die Verdunkelung haben wir auch schon längst aufgehoben. Obwohl es verboten ist und wir auch verdunkeln müssen. Aber darum kümmern wir uns gar nicht mehr!

An Paris haben wir uns schon gewöhnt. Wir finden hier schon gut zurecht. Genau als ob wir hier groß geworden wären. Mit der U.-Bahn fahren wir kostenlos kreuz und quer „unter" Paris. Die bringt uns überall schnell hin.

Ein Soldatenkino und ein Fronttheater sind hier auch schon in Betrieb. Im Kino war ich schon zweimal. Als Hauptfilm sah' ich: „Befreite Hände". War sehr nett. Und vor allen Dingen die neueste Wochenschau. Bei dem Vorbeimarsch an unserem Div. Kdr. habe ich mich gefreut. Aber leider vergebens. Obgleich unser Btl. mit drauf war! Im Theater war ich noch nicht. Das ist auch erst neu eröffnet. Zur Zeit wird „Minna von Barnhelm" gespielt. Dann folgen Varietees mit Künstlern vom Kölner Rundfunk. Rudi Rauher wirkt als Ansager. Da gehe ich wahrscheinlich auch mal hin!

Unsere Führer- Parade haben wir immer noch nicht gehabt. Es wird auch erzählt, dass sie erst nach Kriegsende, und bisher größte Parade sein soll! Ach, hier gehen ja stündlich neue Parolen rum. Jetzt heißt es neuerdings, wir würden in dieser Woche noch eine Überraschung erleben, wie sie noch nicht da gewesen ist. Wir glauben ja wenig an unsere eigenen Parolen. Aber erzählen und erörtern sie uns gegenseitig gern!

Gegenüber unserer Kasernen ist ein herrliches Schwimmbad. Ein Freibad hoch oben auf dem Dach. Dort haben wir uns schon verschiedene male gebummelt!

Das Essen und die Verpflegung sind nicht besonders. Den Franzosen könnten sie gerne mehr abknöpfen. Denn die müssen doch die Besatzungskosten tragen. Auch bekommen wir nur unseren Wehrsold also 12 RM. Wenn wir bedenken, dass die Franzosen 8

RM pro Tag, während der Rheinlandbesatzung bekamen, und wir dass auch bezahlen mussten, dann bekommen wir immer eine gelinde Wut. Und was meinst Du wohl, warum die gesiegt hätten!?

Herzliche Grüße, auch an Ali, Dein Otto!

Paris, den 19. Juli 40

Meine liebe Annemie!

Herzlichen Dank für Deinen lieben Brief. Er kam allerdings mit richtiger Verspätung an. Volle 18 Tage war er unterwegs. Das kommt aber wohl daher, dass unsere Post schon an einen anderen Bestimmungsort geschickt war. Wir sollten nämlich Paris wieder verlassen. Jetzt bleiben wir aber doch wieder hier. Mir ist es nur recht. Wer weiß wo wir hingekommen wären. Und was man hat, das weiß man!

Jetzt sind hier schon zwei Soldatenkinos in Betrieb. Natürlich gehe ich dort eifrig hin. Das sind vielleicht Bauten. Die Einrichtung und Aufmachung ist einfach fabelhaft. Ein Hamburger sagte mir, dass es so etwas in Hamburg nicht gebe. Das Rauchen ist in den franz. Kinos auch erlaubt. Es wurden die Filme „Nanette", Jenny Jugo, Albrecht Schoenhals, Hans Söhnker usw. und „Donauschiffer" mit Attila Hörbiger und Hilde Krahl gezeigt. Beide haben mir sehr gut gefallen. Dazu natürlich die neueste Wochenschau. Der Eintrittspreis beträgt 15 Pfg. Jetzt ist hier auch ein Fronttheater eröffnet. Da war ich gestern auch hin. Natürlich auch ein gewaltiger Bau. Galerien in 3 Etagen. Gehen wohl 2-3 tausend Personen rein. War auch bis auf den letzten Platz besetzt. Ein Programm gab es! Na ich war einfach weg. Hermann Hagestedt vom Reichssender Köln, mit seinen Solisten. Kapelle von 18 Mann. Eine Musik machen die! Ich war einfach weg. Alles schneidige bekannte Stücke. Von Peter Kreuder, oder wie der Komponist heißt, der Mazurka und all' die schönen Sachen komponiert hat. Dann wirken noch mit: Friedrich Eugen Engel und noch eine Sängerin von Kölner Rundfunk. Den Namen habe ich vergessen. Sangen auch nur Stücke aus bekannten Operetten. U.m. Zigeunerbaron: „Himmel liebt dich so wie ich" usw. Einfach fabelhaft. So etwas habe ich ja noch nicht miterlebt. Meine Begeisterung ist natürlich auch entsprechend. Friede Eugen Engel überreicht der Sängerin noch einen Strauß herrlicher roter Rosen. Der Ansager war auch in Ordnung. Hat nur viele Witze erzählt. Ich gehe bestimmt noch mal hin. Der Eintritt ist auch noch frei. Am 26ten gibt es ein neues Programm. Varietee mit Rudi Reuer vom Kölner Rundfunk. Gehe ich natürlich auch hin. Ja, mehr kann Kiel Euch wohl auch kaum bieten was? Ich bedaure nur immer, dass Ihr das nicht alles miterleben könnt!

Ich spare eine Menge Geld dabei. Mein Geld ist natürlich sehr knapp. Wir bekommen nicht mal Besatzungszulage. Nur unseren Wehrsold. Das sind alle 10 Tage 12 RM. Da kann man in Paris natürlich keine großen Sprünge mitmachen!

Ja, mit den Freimarken ist das jetzt so eine Sache. Werde hier wohl kaum noch welche bekommen. Wir kamen jetzt ja nicht mehr in leerstehende Häuser. Da habe ich mir sie nämlich immer zusammen gesucht!

Herzliche Grüße, auch an Ali,

Dein Otto!

Liverot, den 8. Aug. 40

Meine liebe Annemie!

Sicher wirst Du ja enttäuscht sein, dass nicht das erwartete Päckchen von mir eingetroffen ist. Ja, leider erreichte mich Deine Bitte
zu spät. Wir haben Paris nämlich wieder verlassen. Hier in den
kleinen Nest habe ich schon alles abgeklopft, aber keine Strümpfe
auch getrieben. Auch Schokolade ist keine mehr da. Auch in
Frankreich werden die Sachen langsam knapp. Weil hier nämlich
alles wahllos ohne Karten verkauft wird. Es tut mir Leid, dass ich
Dich enttäuschen muss. Hätte Dir sonst sehr gerne die Freude
gemacht. Wenn Du nur eher darum geschrieben hättest. Aber ich
kann mir jetzt gut verstellen, dass Du im geheimen immer darauf
gewartet hast, ohne das Du mich erst darauf aufmerksam machen
mussten. Ja, das hat seine Gründe. Erstens bin ich immer in dem
festen Glauben gewesen, dass Ihr in der Heimat von den Nötigs-
ten genug hättet. Wenn auch nicht im Überfluss, so doch so viel,
das Ihr gut damit auskommen könnt. Eigentlich macht mich das,
trotz aller Siegeszuversicht, etwas traurig! Zweitens ist unser Geld
ja so knapp, dass man in Paris schon gar nicht mit dem Sold aus-
kam. Man musste schon selbst auf vieles verzichten! – Ich hoffe
Du bist nicht zu sehr enttäuscht. Als kleine Entschädigung schicke
ich Dir ein Bild von mir mit. Er soll Dich Erinnern an die große,
schöne, ereignisreiche Zeit dieses Jahres. Vielleicht kann ich
Deine Wünsche später noch mal aus einem anderen Land erfüllen!

Ja, am 1. Aug. haben wir Paris wieder verlassen. In 5. Tagen
haben wir unser Ziel erreicht. Wir haben in der Zeit über 200 km
hinter uns gebracht. Allerdings mit dem Fahrrad. Wir sind näher
zur Küste gekommen. Wie ich schon Anfangs erwähnte, ist der

Ort hier nur klein. Nach dem Leben und Treiben in Paris kam es uns hier zuerst recht still und einsam vor. Aber daran haben wir uns schon gewöhnt. Quartier haben wir in mehreren leerstehenden Häusern bezogen. Die Bewohner sind geflüchtet. Es ist alles ein bisschen eng hier. Dafür aber etwas zwangloser als in der Kaserne. Der Dienst ist allerdings länger. Zur Hauptsache sollen wir hier Geländeausbildung genießen. Dafür gibt es aber auch wieder keinen Kasernenhof hier. Wie lange wir hier bleiben ist uns natürlich unbekannt. Wir glauben schon zu wissen, für welchen Zweck dieser ganze Zauber ist. Aber erst mal abwarten. Hoffentlich dauert es aber nicht mehr all' zu lange. Ja, eher daran, ja eher daran!

Das unsere Div. in die Heimat zurück kommt ist natürlich Unsinn. Man muss nicht an alle Parolen glauben. Hier gehen auch genug Parolen herum. Aber die Hälfte stimmt nur immer daran. Man müsste mal all' die Parolen und Vermutungen aufschreiben. Es würde ein ganzes Buch voll werden!

Herzliche Grüße

Auch an Ali,

Dein Otto!

F. Holland

Meine liebe Annemie!

Nun habe ich doch noch ein Paar Strümpfe für Dich ergattert. Die habe ich auf der Durchreise in Maastricht gekauft. Allerdings gibt es sie hier eigentlich auch nur noch auf Punkte. Ich habe sie bei einem fliegenden Händler erwischt. Billig sind sie allerdings hier auch nicht. Es war nur ein Paar Größe 10 da. Ich habe noch 1 Paar Größe 9 genommen. Hoffentlich passen sie und habe ich es richtig getroffen in Farbe und Originalität?

Wir haben eine lange Irrfahrt hinter uns. 4 Tage waren wir unterwegs. Zur Abwechslung sind wir jetzt mal wieder in Holland. Wir trafen schon in Maastricht einen von unserer Kp. Der ist nach Neumünster versetzt worden. Er erzählte uns, dass unsere Einheit verladen würde. Wann und wohin wüsste er auch nicht. Wir sind dann erst mal bis Lille gefahren. Dort hörten wir dann, dass unsere Div. Richtung Holland fahre. Da hatte es für uns ja auch keinen Sinn noch weiter zu fahren. Wir haben uns in Lille dann erste mal 2 Tage aufgehalten um etwas näheres zu erfahren. Die Zeit haben wir mit Kino und K.d.F. gut verbracht. Im Kino sah ich „Liebesschule". War ganz nett. Im K.d.F. erlebte ich etwas ganz besonderes. Dort hörte und sah' ich: Olga Tschechowa, Rotraut Richter, H.E. Graf, Else Wolf, Harry Gandi usw. Das war natürlich ganz groß. Ich war begeistert. Habe ich nun doch auch mal große Künstler gehört und gesehen!

Von Lille sind wir dann wieder zurück in Richtung Holland gefahren. Wo die Kp. nun steckte wussten wir auch ja nicht. Wir haben überall mal Halt gemacht. In Roosendahl, Rotterdam, Den Haag und schließlich in Wierden. In Rotterdam sieht es doll aus. Ganze Stadtviertel in Schutt und Asche. (Hoffentlich sieht London bald ebenso aus). Nach vier Tagen sind wir endlich wieder bei der Kp. gelandet. Die waren allerdings auch erst abends vorher hier angekommen. Hier liegen wir in Privatquartiere. Habe ein ganz nettes Quartier. Kann mich ganz gut verständigen mit den Leuten!

Was das ganze nun wohl auf sich hat? Ja, v. Briesen[11] soll jetzt doch ein Armeekorps bekommen haben! Dann ist er also auch nicht mehr unser Div. Kdr. Näheres weiß ich allerdings auch noch nicht! – Mir geht es sehr gut!

Herzliche Grüße, auch an Ali.

Dein Otti!

Holland, den 29.Sept.40

Meine liebe Annemie!

Ich muss mich dieses mal gleich für zwei Briefe von Dir bedanken. Es sei hiermit recht herzlich getan!

---

[11] General Kurt von Briesen?

54

Nun liegen wir schon drei Wochen in Holland. Viel ist hier in dem Ort ja gerade nicht los. Es gibt hier gar keine Abwechslung für uns. Kein Kino und Theater ist hier vorhanden. Obwohl es eine Stadt von 4 Tausend Einwohnern ist. Ich bleibe Abends auch die meiste Zeit zu Hause. Es lohnt sich auch nicht mehr nach dem Dienst fortzugehen. Wir haben immer erst um 6 Uhr Dienstschluss.

Dann müssen wir oft auch noch Kartoffeln schälen. So dass es dann schon 7 Uhr ist. Wenn man dann zu Hause ist, gegessen, geputzt, gewaschen und sich umgezogen hat ist es bald wieder Bettzeit. Ich gehe dann lieber zeitig schlafen. Sonnabends und Sonntags gehe ich mal in die Stadt und trinke „einige" Bier. Sonst ist hier alles sehr langweilig. Der Dienst ist auch meistens sehr eintönig. Zumal ich dasselbe jetzt ungefähr zwei Jahre lang mache. Da hat man dann so langsam keine Lust mehr zu. Wir hoffen und warten jetzt alle sehnlichst jeden Tag auf den Alarm. Damit es endlich mal los geht und zum Ende kommt. Sonst wäre ich jetzt wohl schon entlassen gewesen. Aber daran wollen wir nicht denken! Hoffen wir, dass es in diesem Jahr noch zur Entscheidung kommt. Sonst müssen wir hier wohl noch dem Winter verbringen. Gerade keine angenehme Sache!

In der letzten Woche waren wir zum Scharfschießen. Dazu mussten wir 70 km mit dem Lastwagen fahren. Dort war so das richtige Gelände. Direkt an der See gelangen. Haben dort mächtig gelabert. Leider hatten wir auch einen Unfall dabei. Durch eine Granate wurde ein Mann getötet und zwei schwerverletzt. Der Tote ist von der T. Kp. Ein Schwerverletzter ist ein Uffz. von unserer Kp. Hat einen Splitter im Bauch bekommen. Die Operation hat er aber gut überstanden und es soll ihm jetzt schon wieder ganz gut gehen. Der andere Schwerverletzte ist ein Uffz. von der Radfahrschwadron. Der hat einen Splitter im Kopf gekriegt. Wie es dem geht, weiß ich nicht! Den Toten habe ich gestern mit begraben.

War sehr feierlich. Es war das erste mal, das ich ein Militärbegräbnis mitgemacht habe! Sonst geht's mir Dank!

Herzliche Grüße

Dein Otto!

den, 12.10.40

Meine liebe Annemie!

Herzlichen Dank für Deinen lieben Brief. Um es gleich am Anfang zu erwähnen, sonst vergesse ich es am Ende doch wieder, ich möchte schon mal etwas zum Lesen haben. Denn die langen Abende ohne Zeitvertreib, sind doch sehr eintönig. Für ein schönes Buch wäre ich sehr dankbar. Oft spiele ich mit meinem Quartierwirt eine Partie dann. Das ist auch sehr interessant. Jetzt haben wir auch wieder einige Tage Dienstfrei vor uns. Und zwar ist es der Montag und Dienstag. Die hat uns der Rgt. Kdr. gegeben auf Grund dessen, weil die Besichtigungen des Rgt. so außerordentlich gut ausgefallen sind. Für so eine Anerkennung sind wir natürlich sehr dankbar. Unser Rgt. Kdr. ist überhaupt ein feiner Kerl.

Morgen fahren wir zur Abwechslung mal nach den Haag. Ob dort nun was los ist weiß ich allerdings auch nicht. Aber wir kommen doch mal unterwegs. Wir Landser finden uns ja bekanntlich in jeden „Gelände" zurück.

Im übrigen geht der Dienst seinem alten Lauf. Jeden Tag dasselbe!

Ihr seid der Ansicht, das keine Truppen nach England kommen? Ich weiß nicht recht. Jedenfalls bin ich fast davon überzeugt, dass welche rüberkommen. Ob es allerdings in diesem Jahr noch wird daran zweifle ich jetzt auch. Aber hier kommen auf jeden Fall welche. Und wenn es nach der Kapitulation ist. Wie das nun gemacht wird, davon weiß ich ja auch nichts! Allerdings muss der Engländer ja durch die anfallenden Luftangriffe bald erschüttert sein. Aber ich glaube nicht, dass das allein ausreicht. Dazu ist seine Regierung viel zu stur!

Wir erleben hier Abends auch oft ein herrliches Flak und Schein-werfer Spiel. Der Tommy ist oft hier. Doch wirft er seine Bom-ben weit von hier. Wir lassen uns durch ihn auch gar nicht stören. Die Zivilbevölkerung hat schon etwas mehr Angst. Doch glauben sie immer noch an den Engländer und fassen auf seinem Sieg. Die Holländer werden auch niemals gute „deutsche" werden! Es ist ein sehr eigenwilliges und kurzsichtiges Volk. Von unserem Deutschland haben sie eine ganz dolle Ansicht. Gerade so als ob unser Volk ein Haufen Neger oder sonst etwas wäre! Na, und dabei sind sie selbst auf politischen und Sozialengebiet vor 20 Jahren stehen geblieben! Aber uns soll das ja egal sein!

Herzliche Grüße – auch an Ali.

Dein Otto!

den 21. Okt. 40

Meine liebe Annemie!

Herzlichen Dank für Deinen lieben Brief. Habe Deine Wünsche vernommen und mich bemüht, sie zu erfüllen. Du hast aber noch mal Glück gehabt, dass ich Dir die Sachen schicken kann. Es ist nämlich eine neue Feldpostordnung herausgekommen. Danach dürfen keine Textilwaren mehr aus dem besetzten Gebieten nach Deutschland verschickt werden. Es ist genau vorgeschrieben was im Monat verschickt werden darf. Das ist: ½ [...] Kaffee, ½ [...] Tee, ½ [...] Schokolade. 10 Zigarren, 25 Zigaretten und 50 Gramm Tabak. Das ist nicht gerade viel. Kaffee und Tee bekommt man im Handel ohnehin nicht mehr. Wir können ab und an mal welchen bei der Kp. kaufen. Habe schon einmal ein halbes Pfund nach Hause geschickt. Nun habe ich heute wieder ½ [...] Kaffee und ¼ [...] Tee bekommen. Den werde ich demnächst mal Heim schicken. Nun wirst Du sicher neugierig sein wie ich dann die Sachen trotz der strengen Maßnahmen zu Dir befördern konnte? Ja, das ist so. Willy Nagel fährt nämlich auf Urlaub. Den habe ich gebeten es für mich mit zu nehmen und fördern. Auf diese Art und Weise kann man noch mal etwas durchbekommen. Dann muss es aber schon ein guter Freund oder Bekannter sein, der das macht.

Wie gefällt Dir übrigens die Wäsche? Habe ich es richtig getroffen. Eine andere Farbe konnte ich nicht bekommen weil sie in der Größe nicht vorrätig war. Aber ich finde diese Farbe auch ganz nett. Du nicht? Viel verstehe ich ja nicht gerade davon. Aber ich hoffe ich habe es so ungefähr getroffen. An einen Kauf von Stoff wage ich mich doch nicht heran. Ein bisschen Schokolade habe ich auch noch dabei bekommen. Lass sie Dir gut schmecken. Gib

Klärchen bitte auch bei Gelegenheit mit einem schönen Gruß von mir, ab! Ja nun kommt der Preis. Ich kann ja nichts daran, glaube aber, dass er nicht gerade billig ist. Im ganzen bin ich 7, 20 RM dabei los geworden. Ist es das zu viel? Ja, ich kann leider nichts dran ändern!

Wir sind jetzt wohl auch die längste Zeit hier gewesen. Wie es heißt, ziehen wir diese Woche noch um. Wahrscheinlich beziehen wir Kasernen oder Baracken. Hier liegen wir alle in Privatquartier. Für den Winter wäre so ein Quartier ja besser. Eine schöne warme Stube und ein schönes Bett. Aber wir können ja halt nichts dran ändern. Übrigens sollten wir ursprünglich nach Polen zurück. Das ist ja aber wieder aufgehoben. Was wir da wohl sollten? Ist mir auch schleierhaft. Ich denke auch bestens für einen Winter in der Gegend.

Du fragst wie es angehen kann, dass beim Schießen ein Mann von einer Granate getötet wurde? Ja, die hat er nicht selbst weggeworfen. Das war keine Handgranate, sondern von einem Granatwerfer. Wahrscheinlich durch Windeinwirkung ist die Granate etwas aus der Richtung gekommen. Dann war es auch noch Übungsmunition! Unseren Verwundeten Uffz. geht es wieder sehr gut! Das wäre erst mal alles!

Herzliche Grüße, auch an Ali.

Dein Otto!

den, 4.Nov. 40

Meine liebe Annemie!

Diesmal habe ich mich für 2 Briefe und ein Päckchen bei Dir zu bedanken. Nimm bitte meinen herzlichsten Dank entgegen! Der Brief hat mir sehr gut gefallen. Die Zigaretten habe ich inzwischen schon zu Rauch verwandelt!

Es freut mich, dass ich es richtig getroffen habe mit der Wäsche. Das Geld kannst Du mir per Postanweisung schicken. Natürlich nur unter der Feldp. Nr. Sonst kann ich Dir leider auch nichts genaueres darüber schreiben. Aber es wird schon ankommen! – Am vorigen Montag sind wir nach Hilversum gezogen. Das ist eine Stadt von 75000 Einwohnern. Allerdings habe ich noch nicht viel davon gesehen.

Wir wohnen wieder Privat. Habe ein nettes Einzelzimmer bei einem Lehrer. 4 Kinder hat er. Die Eltern sprechen gut deutsch. Haben früher in Dänemark gewohnt. Kann mich gut mit ihnen unterhalten!

Von Freitag bis heute Mittag war ich in Deutschland. Und zwar haben wir mit ungefähr 20 Mann unsere Quartiere im Rhld. mal besucht. Das waren natürlich schöne Tage. Die Leute haben sich sehr gefreut uns mal wieder zu sehen. Natürlich sollen wir alle wieder zu ihnen in Winterquartier kommen. Aber da wird wohl nichts draus. Ich glaube wir sind wohl die längste Zeit in Holland gewesen und fahren bald gen Osten. Es wird so allerhand gemunkelt. Zu gegebener Zeit werde ich Dir darüber berichten!

Übrigens habe ich jetzt einen kleinen Druckposten. Bin zur Waffenkammer kommandiert worden. Das gefällt mir ganz gut. Brauche mich um keinen Dienst mehr kümmern. Habe ja auch zwei Jahre lange genug aktiven Dienst mitgemacht. Morgen fahre

ich für 3 Tage noch Schwenningen. Soll dort einen Munitions-
lehrgang mitmachen. Mir geht's ausgezeichnet. Hoffe dasselbe
von Dir!

Herzliche Grüße, auch an Ali,

Dein Otto!

Ohne Ort und Datum.

G. Deutschland

Hollenbeck, den 3. Jan. 41

Meine liebe Annemie!

Habe Dein Weihnachtspäckchen mit vielem Dank erhalten. In dem Buch habe ich bis jetzt noch gar nicht gelesen. Habe ja so viel Lesestoff hier. Aber es kommt auch bald an die Reihe. Dann schicke ich es wieder nach Hause. Hier werden mir die Bücher zu sehr demoliert!

Wie habt Ihr denn zu Hause das Sylvester und den ersten Tag im neuem Jahr verlebt? Wart Ihr noch mal aus? Ich bin ganz gut ins neue Jahr hineingekommen. Hier war Tanz. Der weibl. Arbeitsdienst war da. Eine Dorfkapelle spielte zum Tanz. War sehr nett und heikel. Habe mich gut amüsiert und natürlich auch die nötigen Flüssigkeiten zu mir genommen. Der Neujahrstag fing für mich allerdings gleich mit Dienst an. Ich hatte nämlich U.v.D.[12] Das war natürlich weniger schön aber zu ertragen.

Nun hat Peter ja ein Brüderchen bekommen. Was er da wohl zu sagt? Aber er weiß ja noch nicht davon. Hoffentlich kann Finde nun auch bald mal seine beiden Jungens sehen. Ich werde Sonntag mal im Wunschkonzert nachhorchen ob der neue Sprössling auch genannt wird!

---

[12] Unteroffizier vom Dienst.

Augenblicklich herrscht hier eine grimmige Kälte. Aber das wird bei Euch wohl genau so sein. Es ist beinah' so wie im letzten Jahr im Rhld. Nur merken wir es diesmal nicht so, weil wir eine schöne warme Stube haben! Das ich Obgefr.[13] geworden bin, weißt Du wohl schon?

Herzliche Grüße, auch an Ali,

Dein Otto!

Hollenbeck, den 11. Jan.41

Meine liebe Annemie!

Herzlichen Dank für Deinen lieben Brief, den ich heute erhielt. Du weißt ja, dass ich nicht gerne Postschulden haben mag. Darum beantworte ich ihn Dir sofort.

Habe gerade ein bisschen geschlafen und in dem Buch von Dir gelesen. Das Buch gefällt mir sehr gut. Habe es bald durchgeschmökert. Dann wird es auch Zeit, dass ich die Bücher nach Hause schicke. Denn hier leiden sie mir doch zu sehr!

Ja, wir sind noch immer in Hollenbeck. Ich habe auch nicht gesagt, dass wir am 1.Jan. von hier nach Munsterlager können. Sonder „wahrscheinlich" Anfang Jan. Aber allein Vorausfrist nach wird es doch noch ein bisschen länger dauern ehe wir wieder von hier fort kommen. Inzwischen haben wir auch wieder Waffen erhalten und sind mit neuen Rekruten aufgefüllt worden. Die kommen heute Nacht an. Ungefähr 45 Mann. Die liegen für sich

---

[13] Obergefreiter.

auf einem Saal. Allerdings haben alle schöne Betten. Natürlich werden die auch erst mal für sich ausgebildet. Dadurch bekommen wir es ja auch wieder besser. Wäre ja auch noch schöner gewesen, wenn wir als „alte Knochen" noch mal mit denen von vorne anfangen müssten!

Gestern wurden wir von unseren neuen Div. Kdr. begrüßt. Das ist der ehem. Kdt. von Berlin. Ich glaube er heißt Generalleutnant Seiffert. Sein Name ist uns noch nicht gesagt worden!

Als Gehaltsempfänger werde ich ungefähr ein Monatsgehalt von 75 RM bekommen! Schön nicht?

Herzl. Grüße, auch an Ali,

Dein Otto!

Hollenbeck, den 25. Jan.41

Meine liebe Annemarie!

Herzlichen Dank für Deinen lieben Brief und die Bilder. Die Bilder sind ja sehr nett geworden! Werde sie aber nach Hause schicken. Hier gehen sie mir doch nur kaputt!

Allerdings haben mich Eure Heiratspläne überrascht. Aber bis Juni ist ja noch eine lange Zeit hin und bis dahin kann noch viel passieren. Ja, ich soll mich zu Eurem Entschluss äußern? Eigentlich kann ich mir ja keine Meinung darüber bilden. Denn ich bin auf diesem Gebiet ja selbst noch fremd. Aber ich glaube schon, dass es bestimmt nicht verkehrt ist. Denn ewig als Brautpaar herumlaufen ist auch nicht nach meinem Geschmack. Es wird sich schon mit der Zeit etwas anfinden an Wohnung. Denn nur das Problem macht Euch doch Sorge, nicht? Kommt Zeit, kommt Rat, so heißt doch ein altes Sprichwort! Allerdings hast du mir mit Deiner Eröffnung auch eine Sorge gebracht! Nämlich die, bei dem Hochzeitsfest mit dabei, zu sein. Aber bis dahin ist es ja noch lange hin und der Friede hoffentlich eingetreten. Sonst wird ja wohl doch kaum viel gefeiert werden!? Aber wir wollen mal nicht so weit in die Zukunft greifen, sondern bei der Gegenwart bleiben!

Morgen haben wir unser Kp. Fest. Wird anscheinend ein ganz schönes Fest werden. Dem Vorbereitungen nach zu urteilen jedenfalls! Werden uns mal wieder ordentlich austoben!

Am Papas Geburtstag habe ich natürlich gedacht. Ihr Kieler werdet wohl auch nicht dabei sein, was?

Augenblicklich ist Otto Numchen ja zu Hause auf Urlaub. Schade, hätte ihn gern mal getroffen!

Herzliche Grüße, auch an Ali,

Dein Otto!

Hollenbeck, den 10. Febr. 41

Meine liebe Annemie!

Ja, das kann man wohl sagen, das Du eine gute Idee gehabt hast in Bezug „Päckchen". Ich erhielt es, als ich vom Urlaub zurück kam. Meinen herzlichen Dank. Das ich Sonntag mal wieder zu Hause war, hat Mutti Dir wohl schon mitgeteilt, nicht. Ich wollte die

Gelegenheit, bevor wir nach Munsterlager kommen, noch mal wahr nehmen. Wer weiß ob sich von dort mal wieder eine Gelegenheit bietet. Freitag werden wir Hollenbeck wohl verlassen. 10 Wochen waren wir dann hier. Dann mag man sich auch mal wieder verändern. Obgleich von Munsterlager ja gerade nicht sehr viel erfreuliches erzählt wird. Aber wie es heißt bleiben wir nur 4-6 Wochen dort!

Gott sei Dank, dass wir nun Tauwetter bekommen haben. Der Schnee hat sich schon zu Wasser verwandelt. Hoffentlich kehrt der Frost nun nicht wieder zurück. Wenn nun mal erst alles wieder trocken wäre!

An Muttis Geburtstag habe ich natürlich gedacht. Beinahe hätte ich die Glückwünsche ja persönlich übermitteln können. Nun habe ich gleich als ich vom Urlaub zurück kam eine Karte mit Marke abgeschickt. Ich hoffe, dass sie dann noch herkommt. Dein Paket kam schon Sonnabend an. Mutti hat es aber auch nicht auf gemacht!

Sonst war weiter nichts passiert. Leider war Otto Numchen ja schon wieder weg. Den hätte ich sonst gerne mal getroffen. Nun musste ich also allein nach Hause gehen. War auch nicht viel los.

Herzliche Grüße, auch an Ali.

Dein Otto!

Munsterlager, den 23.Febr.41

Meine liebe Annemarie!

Herzlichen Dank für Deinen lieben Brief, so wie die Filmwelt.

Seit acht Tagen toben wir nun schon in Munsterlager herum. Das wir nun gerade begeistert sind, können wir nicht behaupten. Obgleich wir verhältnismäßig gut untergebracht sind. Wir wohnen in einer Steinbaracke mit 10-14 Mann auf einer Stube. Schön warm ist es und gute Betten haben wir auch. Andere Kompanien müssen zum Teil mit 30-40 Mann auf eine Bude hausen. Das ist schon bedeutend unangenehmer. Soweit wären wir auch wohl zufrieden. Aber nun kommt der Haken. Der Dienst! Am morgens um 5 Uhr bis Abend 6-7 Uhr sind wir in Bewegung. Zum Essen gibt es auch nur eine kurze Unterbrechung. Sogar Sonntags hat man keine Ruhe und muss Dienst schieben. Wir haben auch schon ein Lied dafür. Das lautet: „Wir wollen aus Munster raus, aus diesem Irrenhaus. Wir haben die Nase voll, bis obenhin!" Das passt gut dafür. Als einziger Abwechslung haben wir ein Kino hier. Das wechselt alle zwei Tage sein Programm und zeigt auch verhältnismäßig nur Filme. Leider haben wir nicht immer Gelegenheit uns die Filme anzusehen. Eben weil wir nicht so früh fertig sind. Aus dem Grunde musste ich mir auch den Film: „Sieg im Westen" entgehen lassen. Den hätte ich wohl zu gern gesehen. Bis jetzt sah ich: „Der ewige Jude,: 7 Jahre Pech", und von einer Gaufilmstelle den alten Film: „Das Gewehr über". Den hatte ich allerdings auch schon mal gesehen! – Wunschkonzert kann ich hier leider nicht hören.

Herzliche Grüße, auch an Ali,

Dein Otto!

Munsterlager, den 2.März 41

Meine liebe Annemie!

Herzlichen Dank für Deinen lieben Brief. Ich erhielt ihn heute zusammen mit dem Kuchenpäckchen von Muttis Geburtstag. Das ist ja reichlich lange unterwegs gewesen. Ich hatte auch schon die Hoffnung, es noch zu erhalten, aufgegeben. Trotz der 3 Wochen, die die Kuchen alt waren, waren sie noch zu genießen und gar nicht mal so trocken. Hier in Munster schmeckt ein Stück Kuchen auch noch mal so gut!

Von unserem Verlassen Munsterlagers ist noch gar nicht die Rede. Obgleich es doch zuerst hieß, wir sollten nur 14 Tage hier bleiben. Aber das hat sich, wie so vieles beim Kommiß, anscheinend schon wieder mal verändert. Na, wir halten es schon noch aus, hier. Zumal der Dienst jetzt etwas ruhiger wird. Denn in der letzten Woche hatten wir Rekrutenbesichtigung. Die ist zur allgemeinen Zufriedenheit ausgefallen! Wir haben uns jetzt auch schon wieder an der Kasernenleben gewöhnt. Das Wetter wird auch etwas milder. Wenn nur der Matsch erst mal verschwinden wäre. Heute regnet es zur Abwechslung mal wieder und besteht daher vorerst mal keine Aussicht auf trockenem, festem Boden. Doch alles zu seiner Zeit. Wir sind ja erst am Anfang des Monat März. Es muss doch Frühling werden!

Des Führers Rede haben wir natürlich gehört. Wir waren alle restlos begeistert und warten nun mit Ungeduld darauf, dass es endlich losgeht. Dem Tommy blühen ja in diesem Frühjahr noch so allerhand nette Sachen. Na, dem gönne ich es von Herzen und habe nur den einen Wunsch auch diesmal mit dabei sein zu können. Du bist der Ansicht, der Führer hätte für März, April die Offensive angekündigt. Ich hab' mir seine Andeutungen allerdings anders ausgelegt. Für den Monat März und April hat er den verstärkten U-Bootkrieg angekündigt. Ob damit nun auch zusammen die Offensive steigt, weiß ich nicht so recht. Es bedarf meiner Ansicht nach, einer ganz gewaltigen Vorarbeit durch die Luftwaffe und Kriegsmarine, ehe wir rüber kommen. Denn das „olle" Wasser ist ja leider dazwischen! Doch wir warten in Ruhe ab, der Dinge, die da kommen sollen! Wir haben Warten ja zur Genüge gelernt!

Gestern und heute war ich ins Kino und sah: „Mein Leben für Irland", und „Lumpaci-Vagabundus". Beide Filme haben mir gut gefallen. Leider ist das Kinosehen hier, keine rechte Freude. Denn es herrscht immer ein gewaltiger Andrang. Man muss schon stundenlang vorher anstehen. Na, ist ja auch kein Wunder. Denn schließlich ist das auch die einzige Abwechslung, die wir hier haben!

Herzliche Grüße, auch an Ali,

dein Otto!

Munsterlager, den 9.März 41

Meine liebe Annemie!

Dein Brief kam gerade recht um sofort wieder beantwortet zu werden. Denn heute habe ich gerade meinen Schreibtag. Ich übe diese Tätigkeit nämlich nur einmal in der Woche aus. Meistens ist es der Sonnabend oder Sonntag. Also meinen herzlichen Dank. Die Zeitschriften habe ich auch erhalten. Ebenfalls herzlichen Dank. Natürlich habe ich Zeit mir sie anzusehen. Jetzt nach der Besichtigung haben wir schon etwas mehr Zeit. Allerdings wird

70

noch eifrig Dienst gemacht. In meiner Freizeit lese ich oder gehe ins Kino. Bei dem öfteren Programmwechsel kann man ja oft hingehen. Die Wochenschau ist auch immer die Neueste. Gestern sah ich schon darin den Einzug unserer Truppen in Bulgarien. Nun haben wir bald ganz Europa besetzt. Der Aufmarsch und die Vorbereitungen sind nun wohl nur noch auf gutes Wetter. Anscheinend ist der Winter nun endgültig von dem nahenden Frühling vertrieben worden. In der letzten Woche war das Wetter schon ganz angenehm. Hoffen wir, dass die Sonne nun bald mehr Macht bekommt!

Heute sind wir nun genau 3 Wochen in Munster. Eigentlich wollten wir ja gar nicht so lange bleiben. Aber nach unserer Meinung wurden wir wieder mal nicht gefragt. Jetzt heißt es aber, wir können in nächster Zeit wieder fort und sollen über Hamburg nach der „holsteinischen Schweiz", marschieren. Muss ja auch eine schöne Gegend sein. Aber eigentlich ginge ich lieber wieder in ein belegtes Gebiet. Na, was nicht ist, kann ja noch werden. Hoffen und warten wir weiter!

Von Klärchen bekam ich auch schon einen Brief. Sie ist ja begeistert. Ich kann das verstehen und freue mich mit ihr!

Jetzt habe ich den Film „Sieg im Westen" doch noch gesehen. Er wurde noch mal hier gezeigt. Er weckte in mir all' die schönen Erlebnisse und Erinnerungen. Unser Einmarsch in Paris war auch mit dabei. Ganz deutlich konnten wir auch einen Leutnant und einen Feldwebel unserer Kp. erkennen, wie sie von „Papa Briesen"[14] das E.K.I[15] erhielten! Sonst sah ich noch: „Mein Leben für Irland", „Lumpaci-Vagabundus". „Ich kenn' Dich nicht, und liebe Dich." Nachher gehe ich hin und sehe mir: „Hochzeitsnacht" an!

---

[14] Generalleutnant von Briesen
[15] Eisernes Kreuz.

Diese Woche war ich mal zum Ohrenarzt. Mein Gehör lässt leider mal wieder sehr zu wünschen übrig. Er hat mich gründlich untersucht. Gesagt hat er mir nichts. Den Untersuchungsbefund hat er für meinen Truppenarzt aufgeschrieben. Auf Grund dieser Untersuchung wollte man mich nun zum Ersatzbataillon nach Oldenburg schicken. Das habe ich selbstverständlich abgelehnt. Ich will doch nicht in der Garnison sitzen und das Kriegsende abwarten! Sonst geht es mir aber sehr gut!

Herzliche Grüße, auch an Ali,

Dein Otto!

Munsterlager, den 24.3.41

Meine liebe Annemie!

Zu Deinem Geburtstage wünsch ich Dir alles Gute und sende Dir meinem herzlichen Glückwunsch. Möge Dein neues Lebensjahr, Erfüllung Deiner Pläne und Hoffnungen bringen!

Hoffentlich kannst Du nun Deinen nächsten Geburtstag wieder im schönen Frieden feiern. Aber das ist wohl noch etwas weit voraus gedacht! Eigentlich habe ich lange nichts mehr von Dir gehört. Aber wie Mutti mir schrieb, hast Du mit einer starken Erkältung im Bett gelegen. Hoffentlich bist Du nun wieder auf dem Damm und kannst Deinen Geburtstag bei bester Gesundheit verleben. Viel feiern wirst Du wohl nicht?

Wie man so hört ist der Tommy wieder rege in Tätigkeit bei Euch. Man erzählt so allerhand volle Sachen über Hamburg, Kiel, Bremen usw. Doch ich glaube es wird noch immer ein bisschen übertreiben! Gesehen habe ich ja nichts daran. Komisch, ich habe in diesem ganzen Kreis noch keinen richtigen Alarm mitgemacht. Allerdings bin ich auch gar nicht scharf darauf. Uns lässt er hier ja Gott sei Dank in Ruhe. Hier war er noch nicht. Obgleich das auch wohl ein lohnendes Ziel wäre. Aber er soll lieber weg bleiben und uns unsere Ruhe lassen. Nachts mögen wir nicht gern gestört werden. Wir haben auch ohne den schon planmäßig jede Woche eine Nachtübung. Der genügt für uns vollkommen. Nachts ist es immer noch sehr kalt. Daher sind diese Übungen gar nicht beliebt bei uns. Allerdings lässt das „Frühlingswetter" auch noch sehr zu wünschen übrig. Gestern hat es sogar noch tüchtig geschneit. Eigentlich musste die Sonne schon mehr Macht haben. Aber es kommt schon alles zu seiner Zeit!

Nun toben wir schon 5 Wochen hier in Munsterlager herum. Von unserem Abrücken ist immer noch keine Rede. Im Gegenteil. Der Spieß sagte uns Sonnabend noch, wir blieben bestimmt noch 4-5 Wochen hier. Das sind ja Aussichten! Doch auch diese Zeit geht vorüber. Augenblicklich geht es doll herbei, aus. Jeden Tag müssen wir Appell machen. Und zwar Abends nach Dienstschluss. So das es immer sehr spät wird. Dem Spieß ist anscheinend mal wieder ein Laus über die Leber gekrochen. Es hat uns geschworen, dass in dieser Woche keiner von uns ins Kino könne. Dafür wollte er schon sorgen! Uns kann so etwas ja nicht mehr erschüttern!

In weniger Woche sah ich: „Wunschkonzert". So einen schönen Film hatte ich schon lange nicht mehr gesehen: Bin restlos begeistert davon. Dagegen riet der Film: „Die keusche Geliebte", bedeutend ab. War nichts besonderes. Sonst habe ich weiter nichts erlebt und gesehen!

Zum Schluss nochmals erst herzliche Glückwünsche und Grüße,

Dein Otto

Gruß an Ali!

Munsterlager, den 30.3.41

Mein lieber Annemie!

Herzlichen Dank für Deinen lieben Brief nebst Päckchen. Natürlich hast Du mir damit eine große Freude bereitet. Um den Zigaretten rauche ich noch. Den übrigen Inhalt habe ich mir gleich zu Gemüte gezogen. Wir bekamen hier in letzter Zeit auch öfter Obst. Apfelsinen und Äpfel. Die Apfelsinen sind wohl von der Auslandsorganisation der N.S.D.A.P.[16] in Spanien!? An einem Tag bekamen wir sogar 2 Äpfel auf einmal. Ich kann ja nicht lange damit herumsitzen, sondern muss alles gleich verdrücken!

Mit unserem Stellungswechsel nach der holsteinischen Schweiz wird es wohl nichts. Es war wohl wieder mal mir eine Parole. Es hat beinah' den Anschein als ob wir Ostern hier verbringen müssen. Denn am 28.April ist noch eine Übung angesetzt. Vielleicht müssen wir sogar nach Pfingsten hier verleben! Also noch nette

---

[16] Nationalsozialistische Deutsche Arbeitspartei

Aussichten. Augenblicklich jagt eine Besichtigung die andern. Meistens spielen die sich zum Teil noch nachts ab. Wir müssen dann immer sehr früh hoch. In der letzten Wache ging es einmal auch schon um 1 Uhr Nachts los. Morgen früh ist wieder so eine Rgt. Übung. Wird auch wohl in der Nacht losgehen. Wenn wir dann zurück kommen ist aber noch keineswegs Feierabend. Der Dienst geht weiter bis zum Abend. Also Du siehst wir werden ordentlich rangenommen und erwarten sehnsüchtig den Tag an dem wir Munster verlassen können. Aber vorläufig ist noch wenig Aussicht dafür. Ostern werde ich wohl kaum zu Hause verbringen können. Die Urlaubsaussichten sind mies. Augenblicklich ist es wieder gesperrt. Man wird aus dem ganzen Treiben hier nicht mehr klug. Mitunter hat es den Anschein als ob wir gar nicht mehr eingesetzt werden sollen. Das verträgt sich aber eigentlich auch wieder nicht mit unserem augenblicklichen Dienst!

Übrigens sind Willi Nagel und Werner Ludwig zum Uffz. befördert worden!

Im Kino war ich diese Woche gar nicht. Es war nichts besonders. Als letzten Film sah ich „Wunschkonzert". Der war aber auch ganz prima. Heute gehe ich mal wieder hin. Es läuft glaube ich ein Kriminalfilm. Die neueste Wochenschau ist auch immer dabei!

Herzlichen Dank für die Illustrierte. Das sind schöne Erinnerungen diesmal. Unser Papa Briesen! Dann kenne ich noch meinen Rgt. Kdr. meinen Btl. Kdr. und Unterarzt. Ich habe mir die Bilder ausgeschnitten und werde sie zum Aufbewahren nach Hause schicken!

Wie hast Du Deinen Geburtstag verbracht? Ging es ohne Besuch des Tommy's ab?

So ganz schlimm als Du denkst, ist es mit meinem Gehör nun doch nicht. Ich habe schon wieder das Gefühl als ob es wieder besser wird. Mache Dir also darum bitte keine Sorgen!

Herzliche Grüße, auch an Ali,

Dein Otto!

Munsterlager, den 6.4.41

Meine liebe Annemie!

Meinen allherzlichsten Dank für Dein Geburtstagsglückwunsch und vor allen Dingen natürlich auch für die Geschenke! Du hast mir eine große Freude gemacht! Das Buch wird mir bestimmt gefallen. Drin gelesen habe ich noch nicht, denn ich habe eben erst ausgepackt. Es ist jetzt 8 ½? Bin schon vor 7 Uhr aufgestanden heute. Konnte einfach nicht mehr schlafen. Vielleicht kam es auch daher, dass in meinem Spind einige Päckchen lagen, die geöffnet werden wollten! Gestern bekam ich drei Päckchen. Eins von Lilly, eins aus dem Rheinland und Deins. Ich habe sie aber nicht geöffnet. Wollte mir die Freude nicht selbst nehmen! Von Lilly bekam ich eine Portion Butter, zum Rauchen und allerhand nützliche Sachen. Zu rauchen habe ich nun erst mal genug. Von zu Hause habe ich noch nichts erhalten. Doch kann das heute ja noch eintreffen.

Ich verlebe meinen Geburtstag in Munster. Nach Hause fahren lohnt sich nicht. Es ist zu weit und umständlich. Ostern gibt es auch keinen Urlaub! Da bleiben wir eben hier!

Wie ich meinen Geburtstag verbringe, weiß ich selbst noch nicht. Natürlich weiß es noch keiner. Ich werde es selbst ja auch nicht sagen. Vielleicht gehe ich noch mal in die Kantine. Doch einen großen Reiz übt sie nicht auf mich aus. Es ist immer zu voll da und dann wird dort ein Krach gemacht, dass es gar nicht mehr schön ist! Es hat aber auch den Vorteil, ich spare Geld. Habe bis jetzt von meiner Löhnung schon über 40 RM übergespart. Das wird nun aufgehoben für ein anders Quartier. Hoffentlich ist es bald mal wieder so weit.

Diese Woche bekam ich auch die Abrechnung über meine Kriegsbesoldung. Ich bekomme 98 RM. Davon gehen 22,35 RM ab. Wofür weiß ich nicht. Bleiben also 75, 65 RM noch. Für 5 Monate habe ich bekommen, also 377, 25 RM. Eine Mark geht natürlich noch für das W.H.W.[17] ab. Das ist doch prima, nicht? Wenn man bedenkt, dass man nicht mehr dafür tun braucht. Viel kann ich mir nicht übersparen wenn ich in meinem Beruf erbiete. Also kann meinetwegen der Krieg noch ein bisschen dauern!

Gerade wird hier erzählt, dass deutsche Truppen in Jugoslawien und Griechenland einmarschiert seien. Hoffentlich stimmt das. Damit die mal anständig einen auf den Tender kriegen. In Afrika bekommt der Tommy jetzt anscheinend auch anständig was auf den Hut. Es ist doch komisch, dass gerade immer Deutsche Truppen erst kommen müssen, ehe es klappt. Von der Kriegskunst der Italiener hatte ich auch gerade keine großen Stücke. Nur schade

---

[17] Abkürzung von „Winterhilfswerk". Es wurde im Herbst 1933 als soziale Hilfsorganisation gegründet zur zusätzlichen Hilfe von bedürftigen „Volksgenossen" . Die Durchführung erfolgte durch das NSV (NS-Volkswohlfahrt) mit Unterstützung der NSDAP. Die Mittel wurden durch freiwillige Lohnabzüge, Lebensmittelspenden an den „Eintopfsonntagen" und durch den Verkauf von WHW-Losen und kleinen Sammelobjekten aufgebracht. Durch das WHW wurden insgesamt 1,9 Milliarden RM gesammelt.

dass wir nicht überall dabei sein können. Hoffentlich hat unser Aufenthalt in Munster bald ein Ende!

Zum Schluss nochmals herzlichen Dank und viele liebe Grüße,

Dein Otto!

Munsterlager, den 17.4.41

Meine liebe Annemarie!

Lange hast du diesmal auf Post von mir warten müssen, was ? Ja, daran sind viele Umstände Schuld! Erstens kam dein Brief sehr spät an. Zweitens war der Osterfest dazwischen und drittens war der Dienst so lang. Wir haben nämlich gleich nach den Festtagen einen Marsch von 60 km machen müssen. Am Dienstagnachmittag um 4 Uhr ging es los und Mittwochmorgen um 9 Uhr waren wir wieder zurück. Das ist natürlich eine anständige Tour. Allerdings gab es einmal warmes Essen und dreimal Kaffee. Aber natürlich waren ein ganz Teil von den Mauken. Na, ist ja auch kein Wunder. Heute Nacht ging es um 3 Uhr schon wieder hoch. Und zwar war eine große Gasschutzübung in Rahmen des Regt. Um 1 Uhr waren wir zurück. Ja, wir müssen anständig ran. Aber wie es heißt, soll dies nun der Anschluss der Übungen hier in Munster sein. Hoffentlich stimmt das. Mir scheint wir haben auch gerade genug daran bekommen! Dann haben wir vielleicht auch bald Aussicht, dass wir hier endlich fortkommen. Leider sind deine „Befürchtungen" in Punkte Jugoslawien umsonst. Wäre sehr gerne mitgegangen!

Heute sind auch 6 Mann von unser Kp. nach Afrika abgefahren. Die sind hier auch angekleidet worden. Habe sie ordentlich beneidet. Vielleicht habe ich ja auch noch mal das Glück. Ach habe ich selbst wenig Hoffnung!

Nun willst Du ja sicher gern wissen, wie ich das Osterfest erlebt habe? Ja, das ist nicht viel Gerede. Zuerst natürlich ein bisschen zu Mittag geschlafen und am 1. Feiertag war ich in der Stadt. Hatte Nachturlaub bis 1 Uhr. Das ist ja gerade auch nichts. Aber ich kam doch wenigstens auf diese Art und Weise aus dem Lager heraus und habe ein bisschen Musik gehört. Um 11 Uhr wurde auch schon wieder Schluss gemacht. Also nützte der lange Urlaub nicht viel!

Am zweiten Ostertag war ich abends bis 10 Uhr noch mal los. Auch nichts an Bedeutung erlebt! So war meine Ostern 1941. Hoffentlich ist das nun der letzte Ostern im Kriege! – Und wie hast Du es erlebt. In Marne war es doch wohl herrlich, und Peter hat wohl viel erzählt, was?

Anscheinend wird es nun doch endlich Frühling. Lange haben wir aber auch darauf warten müssen. Hoffentlich ist das Wetter nun endlich mal beständig. Heute ist es herrliches Wetter. Aber noch haben wir ja April und der macht bekanntlich ja doch was er will!

Heute bekam ich noch ein verspätetes Geburtstagspäckchen vom Klärchen. Es enthielt Schokolade und eine kleine Flasche Cognac. Ein Buch habe ich auch noch erhalten: „Rund um die Welt", heißt es! Allerdings hat Klärchen es nach Hause geschickt!

Herzliche Grüße, auch an Ali,

Dein Otto!

Munsterlager, den 27.4.41

Meine liebe Annemie!

Damit Du nicht wieder so lange mit Post an mir warten musst, will ich Dir gleich Deinem Brief beantworten und mich bedanken! Übrigens weiß ich gar nicht, dass ich Dich hab' warten lassen!

Natürlich ist heute, am Sonntag, wieder das schöne Regenwetter. Mich stört das aber gar nicht mehr. Gehe doch nicht aus dem Bau. War heute Mittag um 1 Uhr ins Kino und sah den uralten Film: „Der Dschungel ruft". Zum Überfluss hatte ich ihn auch schon mal gesehen. Zur Hauptsache bin ich aber auch wegen der Wochenschau hingegangen. Sie brachte Aufnahmen vom Geburtstag des Führers und vom Kriegsschauplatz im Südosten. Nach Rückkehr aus dem Kino, hatten wir dann trotz des Sonntags, noch ein bisschen Dienst. Von 15-16 Uhr war Beschäftigungsstunde und anschließend Unterricht beim Spieß über Stuben- und Spindordnung. Beinah' hat es den Anschein als ob wir in der Woche nicht genug Dienst machen. Dagegen hatten wir in dieser Woche ein Rgt. Übung. Sie begann um 2 Uhr und endete um 15 Uhr. An dem Tag hatte ich auch noch Stubendienst und kam erst um 23 Uhr ins Bett. War also 21 Stunden auf den Beinen. Weil nun beim Durchgang die Stuben angeblich nicht in Ordnung waren, mussten wir am anderen Tag bis 20 Uhr Revier reinigen. Vor 20 Uhr bekamen wir auch unsere Verpflegung nicht und mussten also Kohldampf schieben. Das bisschen was wir noch kriegen, hält man auch noch so lange zurück. Aber unsere ‚höhere Führung' wird von dieser Maßnahmen ja nicht betroffen!

Am Freitagabend sind wir um 22 Uhr ausgegangen zur Div.-Übung. Die dauerte bis zum andern Tag 15 Uhr. Die ganze Nacht ging es durch. 1 Stunde mussten wir auch noch unter der Gasmaske marschieren. Das sind bestimmt keine Kleinigkeiten. Du kannst Dir vorstellen, dass wir diese Übungen bis obenhin satt haben. Es ist nachts auch noch immer empfindlich kalt. Unter diesen Umständen ist es wohl kein Wunder, wenn wir nur von hier fort sehnen. Zwei Mann haben auch schon versucht, dem Aufenthalt in Munster selbsttätig ein Ende zu machen. Sie sind auch sehr schnell wieder gefasst worden und haben nun eine empfindliche Strafe durch das Kriegsgericht zu erwarten. Nein, das ist auch nicht das Richtige. Da warte ich lieber bis unsere Stunde geschlagen hat! Im vorigen Jahr um diese Zeit war es ja bald so weit. Hoffen wir, dass es in diesem ähnlich wird.

Morgen sollen wir wieder geimpft werden. Das ist dann das vierte Mal in der Kriegszeit. Vielleicht lässt das nun wieder ein bisschen Hoffnung auf ein baldiges Abrücken, zu. Doch vorläufig bin ich noch misstrauisch. Ich lasse mich aber gerne überraschen.

Von dem Fliegeralarm auf Kiel am 8 + 9. habe ich gehört. Wir haben ja selbst Kieler genug hier. War es inzwischen schon mal wieder so schlimm? Wir hatten auch schon mal Fliegeralarm. Allerdings nur blinden Alarm. Mussten aber doch in die Luftschutzgruben. Das ging auch wieder von unserer Schlafzeit ab!

Herzl. Grüße, auch an Ali,

Dein Otto!

Munsterlager, den 7.5.41

Meine liebe Annemie!

Meinen herzlichen Dank für Deinen lieben Brief!

Leider war ja der Anlass des Wiedersehens mit Mutti und Papa ein trauriger. Aber Opa ist bestimmt alt genug geworden!

Diese Woche fing gleich wieder mit einer Btl. Übung an. In der Nacht zum Montag mussten wir um 0.30 Uhr aus den Betten. Waren aber schon um 10 Uhr wieder zurück. Freitag ist nun wieder ein Div. Übung. Wann es los geht wissen wir noch nicht. Doch wird es wohl nicht so spät sein. Darüber machen wir uns schon gar keine Sorgen mehr. Aber in der letzten Woche hatten wir auch ja gar keine Übung und das wird nun so langsam wieder nachgeholt. Ja, wir hatten ja sogar einen zusätzlichen Sonntag. Aus diesem Anlass bin ich dann mal in die Stadt gegangen und habe mir mal wieder einen kleinen hinter die Binde gegossen!

In letzter Woche sah ich die beiden Filme: „Ohm Krüger", und „Carl Peters." Beide sind ganz prima. Dazu natürlich die neueste Wochenschau.

Seit Montag haben wir einen großen Luxus auf unserer Stube. Ein Urlauber hat einen Radioapparat mitgebracht. Ein kleiner Volksempfänger sorgt jetzt für unsere Unterhaltung. Nun sind wir doch nicht mehr so ganz von der Welt abgeschnitten und hören die Ereignisse des Tages unmittelbar. Leider hatten wir ihn am Sonntag noch nicht und somit auch keine Gelegenheit die Rede des Führers zu hören. Aber ich habe mir Montag gleich eine Zeitung geholt und sie mir durchgelesen. Wieder mal fabelhaft. Die Verluste auf dem Balkan sind ja überaus gering. Anscheinend bekommen wir immer mehr Übung und wenn wir viele Kriege zu bestehen haben, dann gehen sie wohl bald ohne jegliche Verluste für uns aus!

In zwei Tagen ist es nun schon ein Jahr her, dass wir gen Westen zogen. Wie doch die Zeit nur geht. Leider besteht augenblicklich keine Hoffnung, dass es in 2 Tagen wieder mal los geht. Doch im vorigen Jahr kam uns der Alarm auch vollkommen überraschend. Lassen wir uns also wieder überraschen!

Die beiden Ausreißer haben jeder 1 ½ Jahr Gefängnis bekommen. Das lohnt sich bestimmt nicht, für die paar Tage „Urlaub", die sie sich selbst genommen haben. Da warte ich doch lieber das Kriegsende ab. Denn die Strafe wird erst nach dem Krieg verbüßt. Jetzt müssen sie in einem Strafkommando Dienst machen!

Elly kommt nun wohl auch bald in direkter Berührung mit der Wehrmacht. Sie soll doch als Nachrichtenhelferin ausgebildet werden. Hoffentlich hat sie später mal das Glück in ein besetztes Gebiet zu kommen. Das ist doch sicher ihr größter Wunsch.

Ich glaube wir haben uns in diesem Jahr mit dem Wettergott erzürnt. Es will und will ja kein Frühling werden. Immer noch kalt und ungemütlich. Na, der Kriegs-Gott meint es dafür aber um so besser mit uns. Das ist im Augenblick auch wichtiger!

Herzl. Grüße, auch an Ali,

Dein Otto!

den 15.5.41

Meine liebe Annemie!

Ich finde eigentlich, dass ich deine Briefe immer prompt beantworte. Heute bekam ich Deinen lieben Brief und will ihn wieder gleich beantworten. Ebenfalls habe ich mich ja noch für ein Päckchen bei Dir zu bedanken. Es sei hiermit auf das herzlichste getan.

Die Zigaretten haben mir gut geschmeckt und der Keks ebenfalls. Aber Du sollst Dir nicht die Hacken ablaufen um mir Zigaretten schicken zu können. Ich habe schon noch immer genug zu Rauchen. Ali ist doch auch ein leidenschaftlicher Raucher! Ich möchte nicht den Männern in der Heimat die letzten Zigaretten ausrauchen. Denn sie sind doch knapp? Wenn man stundenlang im Keller sitzen muss und das Krachen der Bomben hört, ist für einen Raucher gerade eine Zigarette ein ausgezeichnetes Beruhigungsmittel. Das weiß ich aus eigener Erfahrung. Wenn ich das allerdings auch nicht im Keller erfahren und festgestellt habe, so doch an der Front! Der Tommy hat uns immer noch nicht entdeckt in unserer Einöde. Wir sind aber gar nicht böse darum. Allerdings müssen wir trotzdem Fliegeralarm „spielen". In der letzten Woche mussten wir regelmäßig jede Nacht aufstehen und uns anziehen. Dann konnten wir uns allerdings wieder im angezogenem Zustand aufs Bett legen. „Stiller Alarm" nennt sich so etwas. Zweimal bin ich auch aufgestanden. Dann habe ich mich aber nicht mehr darum gekümmert sondern bin ruhig liegen geblieben. Ich glaube wenn die Bomben in Wirklichkeit krachen, werden wir wohl von selbst aus den Betten fallen. Im übrigen werden unsere Nächte auch oft genug durch allerhand Übungen verkürzt. In vorletzter Nacht war eine Nachtübung. Um 8 ½ Uhr ging es los und gegen 3 Uhr war Rückkehr. Dann ging es heute Nacht um 1.15 Uhr wieder los zur Rgt. Übung! Das geht nun schon über ein viertel Jahr lang so. Jede Woche mindestens zwei Übungen. Du kannst Dir wohl vorstellen, dass wir den Tr. Üb. Platz von allen Ecken und Enden kennen!

Na am 14. Juni, willst Du heiraten? Da muss ich ja unbedingt daheim sein. Wenn wir dann nicht gerade all zu weit weg sind, glaube ich auch wohl, dass ich Urlaub bekomme. Aber es sind ja immerhin auch gut vier Wochen hin. In solcher Zeit kann schon allerhand passieren. Obgleich es noch gar nicht danach uns sieht, dass wir in Kürze von hier abrücken. Aber trotzdem glaube und hoffe ich, mit dabei sein zu können. Vielleicht wird dann die Familie mal wieder vollständig beisammen sein. Hoffentlich hat Klärchen dann das Glück, auf Urlaub fahren zu können!

Du fragst in welche Stadt ich ab und zu gehe? Nach Munster natürlich. Munsterlager heißt nur der Teil, in dem wir liegen. Das ist ein abgeschlossenes Lager!

Herzlichen Gruß, auch an Ali

Dein Otto!

den 25.5.41

Meine liebe Annemie!

Soeben ist das Wunschkonzert verklungen und nun beginnt für mich das Briefschreiben. Für Deinen lieben Brief, den ich gestern erhielt, meinen herzlichsten Dank.

Auch bei uns in Munster ist es jetzt endlich Frühling geworden. Lange haben wir in diesem Jahr aber auch darauf warten müssen. Wenn wir jetzt bei unseren Übungen durch die Heide streifen, sieht der Übungsplatz eigentlich viel freundlicher aus. Die Birken sind so hübsch grün. Aber trotzdem haben wir für die Schönheiten des Übungsplatzes nicht viel Interesse.

Beinahe hat es den Anschein als ob wir nun bald den Übungsplatz den Rücken kehren. Gott, wie werden wir uns wohl vorkommen. Doch vorläufig sind es natürlich nur noch Anmerkungen. Wir rechnen damit, dass wir in der Woche nach Pfingsten reisen. Hoffentlich werden wir nicht wieder enttäuscht. Allerdings werde ich dann auch wohl kaum an Deiner Hochzeit teilnehmen können.

Das bedauere ich natürlich sehr. Na, vorläufig sind es ja nur Vermutungen. Aber wir haben so ein komisches unbestimmtes Gefühl.

Zu Pfingsten werde ich auch nicht auf Urlaub fahren können. Erstens haben auch wir Urlaubssperre. Sogar der Sonntagsurlaub ist gesperrt. Zweitens habe ich G.v.d.[18] Das ist eine wenig angenehme Beschäftigung gerade auf Pfingsten. Voriges Jahr zu Pfingsten waren wir schon zwei Tage unterwegs. Am 2. Pfingsttag waren wir schon in Belgien. Das waren noch Zeiten!

Eigentlich weiß ich gar nicht so recht mehr etwas zu berichten. Am Dienstag hatten wir wieder mal eine unserer vielen Übungen. Es war wieder mal ein Rgt. Übung. Sogar unser Div. Kdr. ließ sich mal sehen. Das kommt nicht oft vor, dass wir den mal zu Gesicht bekommen. Unser Papa Briefen war da doch anders. Die Übung dauerte von Dienstagabend 18 Uhr bis Mittwochmittag 13 Uhr. Natürlich wieder ohne Unterbrechung die ganze Nacht hindurch. Aber wir haben uns schon so daran gewöhnt, dass es uns nichts mehr ausmacht. Nur Nachts ist es immer noch empfindlich kalt. Wir hoffen jetzt aber, dass wir bald unsere letzte Übung hier gemacht haben.

Das Btl. das nach Afrika soll, wartet auch noch immer auf seinen Abruf. Augenblicklich verlebt es gute Tage hier. Ich glaube wir kommen auch eher weg als die. Anscheinend eilt es ja nicht so sehr mit denen. Sonst wären sie wohl schon längst fort.

Der Tommy hat in den letzten Tagen ja anständig was auf den Deckel bekommen. Aber nur immer weg damit. Alles was von seiner Flotte und Luftwaffe auf den Grund des Meeres sinkt, kann uns nichts mehr anhaben.

---

[18] Gefreiter vom Dienst.

Auf Kreta[19] sind nun auch Truppen gelandet wie gestern durch eine Sondermeldung bekannt gegeben wurde. Hoffentlich kommt nun auch bald die britische Insel an die Reihe!

Herzliche Grüße, auch an Ali.

Dein Otto! Frohe Pfingsten!

den 2.6.41

Meine liebe Annemarie!

Herzlichen Dank für Deinen lieben Brief und Pfingstgrüße. Sie kamen keineswegs zu spät, sondern am 1. Feiertag. Den ersten Festtag musste ich ja leider mit Dienst verbringen. Dafür gehe ich aber früh Nachmittag in die Stadt. Es ist hier so etwas wie Jahrmarkt. Allerdings nur eine Kleine. Trotzdem werde ich mir den Rummel mal ansehen. Habe bis 2 Uhr Ruheurlaub. Doch werde ich mich wohl kaum solange in der Stadt herumtreiben können. Die Lokale machen zum größten Teil um 11 Uhr schon Schluss.

Das Pfingstwetter ist ja einfach herrlich. Ich kann mir vorstellen, dass Ihr es zu Hause schön hattet. Lilly war doch sicher auch da mit ihren Jungs. Peter wohl wieder Hauptperson. Ich kann mir gar nicht vorstellen, dass er jetzt schon sprechen kann. Wird Zeit das ich die beiden mal wieder zu sehen bekomme. Hoffentlich klappt es zur Hochzeit. Doch gebe ich mich keinen trügerischen Hoffnungen hin. Ich glaube wir haben dann gerade Munster verlassen. Dass ich mich jetzt schon darum kümmere hat keinen Zweck. Denn alles hängt davon ab, ob wir dann noch hier sind. Das weiß der Kp. Führer natürlich auch nicht. Wenn wir aber noch hier sein

---

[19] Am 20. Mai 1941 fand die Luftlandung der Deutschen Invasion statt.

sollten, bin ich überzeugt, dass ich Urlaub bekomme. Trotz der Urlaubssperre. Wenn wir aber erst verladen sind und wieder rollen, werden wir wohl kaum in Deutschland bleiben und dann muss ich natürlich mit. Also abwarten und hoffen!

Bei dem schönen Wetter der letzten Tage habe ich mich ordentlich in die Sonne gebadet und die bin anständig braun geworden. Beinahe habe ich es ein bisschen zu schlimm gemacht. Bin nämlich am ganzen Körper verbrannt. Das brennt nun ordentlich. Aber auch das geht vorüber und ich bin ja auch nicht so empfindlich!

In der letzten Woche sind wir wieder mal geimpft worden. Viermal gegen Cholera. Sogar Pocken haben wir noch mal bekommen. Das ist schon das zweite Mal, dass ich während meiner Dienstzeit Pocken bekommen habe. Allerdings nur zwei Stück. Sind auch nicht so hoch gekommen und also habe ich auch kein lästiges Jucken usw. Diese Woche sollten wir nun noch gegen Ruhr geimpft werden. Vielleicht auch mal zweimal. Haben dann bald mehr Gift als Blut im Körper. Aber die Führung wird schon wissen wofür es gut ist. Ich bin auch weiter nicht empfindlich dagegen! Etwas Gutes war das letzte Mal aber doch dabei. Es ist nämlich ein Btl. Übung deswegen ausgefallen. Das war gerade in der Nacht, als wir für ein Gewitter begleitet von starkem Regen hatten. Auch am folgenden Tage regnete es in Stürmen. Also hatten wir mal wieder Glück gehabt und die Spritze gern dafür in Kauf genommen. Hoffentlich haben wir diese Woche das selbe Glück!

Herzliche Grüße, auch an Ali

Dein Otto!

H. Polen - Russland

(Postkarte)

den 30.6.41

Meine liebe Annemie!

Zur Beruhigung will ich Dir nur schnell mitteilen, dass es mir gut geht. Wo ich stecke kannst Du Dir ja wohl denken. Bis jetzt war dieser Krieg für uns noch gar keiner. Habe noch keinen Schuss gehört. Anscheinend werden wir gar nicht gebraucht.

Es ist hier genau wie vor 2 Jahren in Polen. Sehr heiß und viel Staub. Dazu zum größten Teil schlechte Straßen! – Wie es an der Front aussieht wissen wir nicht. Hören nämlich keine Nachrichten. Bis jetzt haben wir erst zwei Gefangene gesehen. Von der feindl. Luftwaffe haben wir auch noch nicht gesehen und gehört!

Herzl. Grüße, auch an Ali,

Dein Otto!

(Postkarte)

den 22.7.41

Liebe Annemie!

Heute Deinen lieben Brief erhalten. Herzl. Dank. Die Postbeför-
derung war bisher nur sehr mau. Doch wird es anscheinend jetzt
besser! – Mir geht es noch immer sehr gut. Sind jetzt ja schon gut
4 Wochen unterwegs und ein ganz nettes Stück drin in Russland.
Bisher haben wir noch wenig vom Feind gesehen. Wir „Fußlat-
scher" konnten so schnell nicht folgen. Doch ist er nun hier in der
Nähe in der Klemme!

Hier ist es sehr heiß. Doch ich ertrage es noch!

Herzl. Grüße, auch an Ali, Dein Otto!

(Postkarte)

den 28.7.41

Meine liebe Annemie!

Herzl. Dank für Deinen lieben Brief und die Bilder. Habe mich
sehr dazu gefreut.

Nun sind wir natürlich schon ein anständiges Stück drin in Russland. Haben auch schon Kämpfe hinter uns. Die Verluste sind bisher Gott sei Dank, gering. Haben 1 Toten u. 1 Verwundeten. Seit dem 24ten haben wir dauernd Luftangriffe auszuhalten. Passiert ist dadurch bei uns allerdings noch nichts. Vorgestern wurden 3 Bomber von deutschen Jägern abgeschossen. Wo ich stecke? Ich weiß es selbst nicht genau! Mir geht es gut.

Herzl. Grüße auch an Ali,

Dein Otto!

den 2. Aug. 41

Meine liebe Annemie!

Als ich soeben Deinen Brief las, brausten gerade einige Sowjetbomber über mich hinweg und ließen ihre Bomben fallen. Die Flak schoss wie wild, ohne natürlich etwas zu erreichen. Dafür haben die Bomben bei uns auch keinen Schaden angerichtet. Diesmal flogen sie gar nicht so hoch. Ich konnte deutlich den Sowjetstern erkennen. Als die Bomber weg waren, kamen auch einige deutsche Jäger. Leider zu spät. Die haben hier noch einige Zeit gesucht. Vielleicht haben sie sie ja noch woanders erwischt. In den letzten Tagen hatten wir sonst ziemlich Ruhe vor den feindl. Fliegern. Heute morgen um 7 Uhr begrüßten uns einige Stukas. Die Front ist nur einige km von hier. Die Granaten sausen auf beiden Seiten. Unser Kp. hat bisher 4 Tote und ca 12 Verletzte. Mein Kp. Führer ist auch schwer verwundet. Sonst sind in unserer Kp. die Verluste noch ziemlich gering. Andere Kp. Des Btl.s haben bedeutend mehr Verluste. Na, wollen hoffen, das weiterhin alles klappt.

Mir geht es natürlich immer noch gut! Wie war es denn in Leck? Ist Mutti nun enttäuscht oder noch zufrieden mit dem „Kaff"?

Herzlichen Dank für Deinen lieben Brief!

Herzliche Grüße, auch an Ali

Dein Otto!

(Postkarte)

Russland, den 14.8.41

Meine liebe Annemie!

Herzlichen Dank für Deinen lieben Brief. Ungefähr 14 Tage braucht die Post von der Heimat um in unsere Hände zu gelangen. Wie lange dauert es mit meiner? Ich habe nämlich nach Hause um eine Pfeife und Tabak geschrieben. Wird wohl 4 Wochen dauern ehe das in meinen Besitz ist. Rauchwaren sind hier nämlich mehr als knapp. Den russ. Tabak, den wir bekommen, können wir gar nicht vertragen. Ich werfe ihn gleich weg. Wenn es noch lange so andauert, werde ich wohl noch Nichtraucher. Aber gerade eine Zigarette oder eine Pfeife Tabak ist in manchen Lagen sehr gut für die Nerven!

Mir geht es noch wie vor gut. Viel neues ist nicht bei uns passiert!

Herzl. Grüße, auch an Ali,

Dein Otto!

(Postkarte)

den 17.8.41

Meine liebe Annemie!

Herzlichen Dank für Deinen lieben Brief. Ich erhielt ihn heute zusammen mit einem von Mutti und Lilly! Überhaupt kommt die Post jetzt regelmäßig! – Heute ist wieder mal ein herrlicher Sonnentag und dazu noch Sonntag. Davon merken wir nun ja allerdings weniger! Nachts wird es nun schon ziemlich kühl. In wenigen Wochen wird sich wohl auch der Winter so langsam einstellen. Hoffentlich sind wir dann nicht mehr hier!

Herzl. Grüße,

auch an Ali,

Dein Otto

Russland, den 30.8.41

Meine liebe Annemarie!

Für Deinen lieben Brief meinen herzlichsten Dank.

Unsere Div. hat nun eine große Schlacht hinter sich. Davon ist sogar eine Sondermeldung durchgegeben worden. Mit einer Panzerkorps und noch 2 Div. haben wir im Raum ostwertes Welikije Luki die 22. russische Armee vernichtet. 40000 Tote und 30000 Gefangene. Der Angriff stieg am 22.8. um 3.30. Flieger, Panzer, Sturmgeschütze und eine Menge Artillerie unterstützten uns. Das war ein Geballer. 4 Tage dauerte der Kampf. Unsere Div. war als

Stopdivision eingesetzt. Hatte also die Hauptlast des Kampfes zu tragen. Hier haben jetzt in der Kp. 18 Tote und eine Menge Verwundete. Willi Nagel ist auch wieder verwundet worden. Hat einen Armschuss bekommen. Ist aber nicht so schlimm geworden, glaube ich!

Seit vorgestern liegen wir an der Bahnlinie Moskau – Petersburg um sie zu sichern. Ist nichts los. Allerdings kommen oft kleine Herden von Russen, meist unter Führung einer Offiziers oder Kommissars und machen uns das Leben schwer. Einmal griffen uns 300 Mann an. Waren schon dicht uns ran. Darauf waren wir gar nicht vorbereitet. Wir waren mit den Fahrzeugen da. Einige Fahrzeuge fuhren sich fest und mussten wir stehen lassen. Wir haben sie nachher aber wieder unbeschädigt zurückgeholt! Am selben Tag wagten sogar 3 Russen uns zu überfallen. War auch ein Offizier dabei. Der bewarf uns mit Handgranaten. Den dreien haben wir natürlich den Graus gemacht. Die 300 Mann sind auch gefangen genommen worden oder sie sind gefallen.

Wie lange wir nun hier bleiben weiß ich nicht! Unser Div.Kdr. soll ja gesagt haben, dass wir in 4 Wochen wieder in Deutschland seien. Hoffentlich behält er recht. Es wird schon ungemütlich kalt hier. Viel Regen gibt es in letzter Zeit. Doch geht es mir noch gut!

Herzl. Grüße, auch an Ali, Dein Otto!

(Postkarte)

den 10.9.41

Meine liebe Annemie!

Nach langer Zeit bekamen wir heute wieder Post. Für mich war eine Menge dabei. Hatte von Zuhause, von Lilly u. Dir Briefe und Zigaretten. Meinen herzlichsten Dank. Auch für den Film! Nun will ich meine Fotokunst mal probieren. Hoffentlich wird es etwas!

Seit Tagen sind wir nun schon Reserve und haben täglich einige km zurückgelegt. Nun sollen wir allem Anschein nach längere Zeit hier liegen bleiben. Hoffentlich nicht zu lange. Das wird auf die Dauer langweilig. Die Front ist uns wahrscheinlich davon gelaufen! Wir wünschen nur echt bald aus diesem Lande zu verschwinden. So langsam wird es kalt in Zelten zu schlafen. Trotzdem geht es mir noch gut. Dasselbe hoffe ich von Dir und Ali!

Herzliche Grüße, auch an Ali,

Dein Otto

(Postkarte)

den 15.11.41

Meine liebe Annemie!

In den letzten Tagen haben wir ein paar mal Post bekommen. Ich muss noch bei Dir für eine ganze Menge Post und Zigaretten bedanken. Es sei hiermit auf das herzlichste geschehen. Von Lilly bekam ich auch etliche Post mit Zigaretten u. Schokolade. Nur von zu Hause war noch nichts dabei. Aber es fehlt ja noch eine Menge Post.

Heute ist auch endlich wieder Verpflegung gekommen. Wir bekamen gleich 1 Tafel Schokolade. Ein lang entbehrter Genuss! Ich schicke in den nächsten Tagen wieder einen Film ab. Den besorgst Du mir wohl? Ich warte nun auf den Erfolg der ersten. Hoffentlich ist etwas brauchbares dabei!

Wir haben hier schon eine grimmige Kälte. Die Wolga ist schon zugefroren! Leider sind wir immer noch ohne Winterbekleidung. Mir geht es trotzdem gut!

Herzliche Grüße, auch an Ali,

Dein Otto!

den 14.12.41

Meine liebe Annemie!

Es waren schon wieder über 10 Tage vergangen seit ich das letzte
Mal Post erhalten hatte. Gestern kam aber eine ganze Menge. Von
Dir waren allein fünf Briefe dabei. Dafür möchte ich mich auf das
herzlichste bedanken. Ebenfalls für die mitgeschickten Bilder. Ich
muss ja sagen, dass ich selbst erstaunt bin über meine „Fotokunst". Mir scheint die Bilder sind tadellos geworden. Sie zeigen
ja gerade kein so sehr „kriegerisches" Bild her. Das liegt aber
auch an den Umständen der Witterung. Wenn mal richtige „wil-
de" Motive da sind, dann scheint gewöhnlich nicht die Sonne und
die gehört nun mal zum „Fotohandwerk". Hoffentlich ist der
zweite Film ebenso gut geworden!

Jetzt haben wir richtigen russischen Winter. Wir haben schon mal
die Temperatur gemessen und lasen nicht weniger als 30 Grad
minus. Du kannst Dir wohl denken, dass das schon eine ganz
anständige Kälte ist. Wir sind leider immer noch ohne Winterbekleidung. Als einziges habe ich jetzt einen Kopfschützer erhalten.
Der ist auch schon sehr viel wert. Ich brauch' augenblicklich auch
gar nicht so viel raus. Darüber bin ich sehr froh.

Die Wolga haben wir nun auch zum vierten mal überquert. Viermal ging es am einfachsten. Einfach über den Eis. Wer hätte das
gedacht, dass wir noch mal auf dem Eis die Wolga passieren würden! Schlitten haben wir auch schon! Ja, bei einer anderen Kp.
sind schon Wölfe gesehen worden. Darüber war ich doch erstaunt.
Vielleicht gehen wir dann auch mal auf Wolfsjagd!?

Es ist doch tatsächlich der Fall eingetreten, dass ich mal krank
war. 6 Tage habe ich auf den „Lager" gelegen und mochte nicht
leben und nicht sterben. Hatte den Magen kaputt. Wann das gekommen ist, kann ich mir noch nicht denken. Etwas besonderes

gegessen hatte ich gar nicht mal. In den tagen habe ich keinen Bissen gegessen. Nur immer getrunken. Hatte immer einen fürchterlichen Durst. Ob das nun gerade richtig gewesen ist, bezweifle ich ja selbst. Ein „Sani" war auch nicht zur Stelle. Bin natürlich mächtig zusammengefallen. Seit gestern habe ich nun zum ersten Mal wieder abends gegessen. Fühle mich auch nun wieder ganz wohl. Das kann eben mal in der besten „Familie" vorkommen!

Für abends Lektüre wäre ich natürlich dankbar. Allerdings scheinen mir gute Bücher beinahe zu schade. Aber es gibt ja sonst auch genug Zeitschriften u. drgl.!

Herzl. Grüße, auch an Ali

Dein Otto!

den 3.1.42

Meine liebe Annemie!

Einige Tage des neuen Jahres haben wir nun schon hinter uns. Ich bin nur gespannt was es uns angenehmes und unangenehmes bringen wird. Hoffentlich mehr von dem Angenehmen. Ich bin in das neue Jahr hineingeschlafen. Wir haben nämlich gerade einen Marsch von 22 Stunden hinter uns. D.h. marschiert haben wir die wenigste Zeit. Ungefähr 12 Stunden haben wir auf einer Stelle gestanden und konnten nicht vorwärts, weil die Straße total verstopft war. Dass das bei der herrschenden Kälte kein Vergnügen ist, kannst Du Dir wohl vorstellen. Bei mir sind es die Füße, die mir am meisten Sorge machen, ich hab' immer „Eisbeine". Man muss da mächtig aufpassen. Ehe man sich versieht, ist ein Fuß erfroren. Bei einer anderen Kp. ist der Fall schon da gewesen. Der

98

Fuß ist amputiert worden. Auf solche Weise seine Knochen ein-
büßen zu müssen, ist noch tragischer als durch Feindeinwirkung!

Wie hast Du denn all' die Festtage verlebt? Wie lange konntest
Du zu Hause sein? Auch noch über Neujahr? Du bist nun ja auch
„Strohwitwe". Wie gefällt Ali es denn bei den „Preußen"? Er
hatte wohl nicht das Glück schon auf Urlaub fahren zu können?
Hat ja eigentlich Pech gehabt, dass er noch eben vor Weihnachten
musste. Ich wünsche mir, dass er nach seiner Ausbildung nicht
auch nah nach Russland muss! – Wie war es denn zu Hause? War
der Weihnachtsmann auch ordentlich da? Ich habe noch keine
Weihnachtspäckchen erhalten. Mit der Post steht es im Moment
auch wieder nicht besonders. Gestern bekamen wir nach langer
Zeit mal wieder welche. Zu meiner großen Enttäuschung war kein
Paket für mich dabei. Nur ein Brief von Mutti und eine Karte von
Lilly. Na, dann warten wir in Geduld weiter. Mir stehen dann
eben noch die Genüsse bevor! Ich will ja nicht annehmen, dass
welche verloren gegangen sind!

Von der Kp. bekamen wir zu Weihnachten 50 Zigaretten, 1 Tafel
Schokolade, 2 Rollen Drops und 2 Pakete Honigkuchen. Zum
Trinken gab es für 11 Mann 1 Flasche Rum, 3 Flaschen Wein und
3 l Schnaps. Zu Neujahr hatten wir 3 Flaschen Sekt, 1 Flasche
Kognak und etliche Liter Schnaps. Haben uns am Neujahrsabend
in einer gemütlichen Runde einen kleinen auf die „Lange" gegossen!

Mir geht's gut!

Herzliche Grüße,

Dein Otto!

(Postkarte)

den 17.1.42

Meine liebe Annemie!

Lange habe ich nichts von Dir gehört. Auf Dein Weihnachtspäckchen warte ich auch immer noch vergebens. Von Klärchen
bekam ich heute 2 und von Lilly eins! - Diese Karte nimmt je-
mand mit, der zur Heimat entlassen wird. Ich hoffe, dass sie dann
schneller in Deine Hand gelangt. Wenn ich von Dir Post bekommen habe, schreibe ich auch wieder einen Brief!

Bis dahin herzliche Grüße,

Dein Otto!

den 22.1.42

Meine liebe Annemie!

Heute schicke ich wieder einen Film zu Dir auf den Weg. Du bist
wohl so lieb und lässt ihn entwickeln? Ich warte nun auf den Erfolg meines zweiten Filmes, den ich Ende November auf den Weg
schickte. Ich hoffe doch, dass er dich erreicht hat!? Dieser Film
zeigt nun Aufnahmen von russischem Winter. Allerdings ist von
der Kälte die dabei herrscht, nichts zu spüren! – Übrigens sollst
Du das Entwickeln nicht für mich bezahlen. Teile mir bitte mal
mit was es kostet. Ich werde Dir dann bei Gelegenheit das Geld
zurück erstatten.

Auf Dein Weihnachtspäckchen warte ich immer noch vergebens. Ich will auch zufrieden und froh sein, wenn ich es zu Ostern erhalten habe. Ich bekam bisher auch nur von Klärchen 2 Päckchen. Die kamen am 15.1. an. Also auch mit ziemlicher Verspätung. Von zu Hause bekam ich auch noch nichts. Ich habe ja nicht viel Hoffnung überhaupt noch von den Weihnachtspaketen welche zu bekommen. Es sind nämlich einige Lastkraftwagen mit Post verbrannt bzw. vernichtet. Da ist unsere Weihnachtspaket wohl auch dabei gewesen. Na, was wir nicht haben, das haben wir dann eben nicht. Schade ist es trotzdem.

Der Winter hält hier noch wie vor an. Eine eiserne Kälte und viel Schnee. Gestern sollen es 42 $^{C-}$ gewesen sein. Neulich war mir schon beinahe die Nase erfroren. Ein Kamerad machte mich noch rechtzeitig darauf aufmerksam. Man selbst merkt es gar nicht mal. Ich habe dann schnell und tüchtig mit Schnee eingerieben. Diese „Arznei" ist ja genügend vorhanden. Der Schaden war dann auch schnell behoben. Nach einigen Tagen ging die Haut aber trotzdem noch ab. Ja, man muss sich mächtig in acht nehmen. Füße erfrieren auch sehr viele. Die Füße und Hände sind auch meine Sorgenkinder. Die Hände kann ich trotz 3 Paar Handschuhe nicht warm halten. Und mit den Füßen ist es noch schlechter bestellt. Denn mehr als 1 Paar Strümpfe kann ich in den Stiefeln nicht anhaben. Aber auch dieser Winter geht einmal wieder. Ich denke nur schon mit Grauen an den Matsch den es bei Tauwetter geben wird!

Trotzdem geht es mir noch gut!

Herzliche Grüße

Dein Otto!

den 6.2.42

Meine liebe Annemie!

Ich glaube es ist schon recht lange her, seit Du zum letzten Mal Post von mir bekamst. Ich wollte aber solange warten, bis ich Post von Dir bekam. Lange habe ich darauf warten müssen. Doch heute war es endlich soweit. Es kam gleich eine ganze Menge. Von Dir hatte ich einen Brief vom 8.12. und ein Päckchen vom 11.11.41. Von Mutti ein Päckchen vom 13.11. und endlich von Lilly ein Weihnachtspäckchen. Die sind bestimmt lange genug unterwegs gewesen und ich hätte nicht geglaubt, dass ich sie noch bekommen würde. Die haben wohl weiter zurück in Sicherheit gelegen. Denn um die Weihnachtszeit war bei uns so allerhand los. Nun war die Freude natürlich um so größer. Herzlichen Dank für deine lieben Sachen. Den Pudding werde ich mir morgen gleich kochen. Mal ein angenehmen Abwechslung. Das Feuer wird mir nun ja nicht so bald ausgehen. Zum Rauchen habe ich im Moment auch genug. Ich habe mir so zirka 10 Pakete Tabak übergespart. Die sind für evtl. schlechte Zeiten. Vielleicht kommen die ja noch mal wieder. Wir haben sie ja schon einmal erlebt. – Von Mutti bekam ich in dem Päckchen ein schönes Stück Kuchen. Es hat mir trotz seines Alters noch gut geschmeckt. Ferner waren ein Paar Strümpfe und Zigaretten u. Honig darin. Alles liebe, schöne Sachen! – Das Weihnachtspäckchen von Lilly enthielt: Pralinen, Bonbons, Zigaretten etwas zum Rasieren und ein Brief: „3 Wochen Urlaub in Wiesbach." Anscheinend eine lustige Lektüre! – Weil nun die Post schon so alten Datums ist, habe ich wieder Hoffnung, dass auch noch mehr Weihnachtspost für mich ankommt. Am liebsten hätte ich sie ja noch vor Ostern!

Nun haben wir den längsten und kältesten Teil des gefürchteten russischen Winter auch wohl hinter uns. Jetzt haben wir auch endlich unsere Winterbekleidung erhalten. Sie hat ja freilich lange auf sich warten lassen. Aber sie ist wenigstens gekommen. Von den gespendeten Woll – u. Pelzsachen haben wir allerdings nicht gesehen. Na, ich bin auch gerade kein „Frostkötel". Bisher habe ich die Kälte noch gut überstanden. Nun werde ich den Rest auch wohl noch überstehen! Es sind wohl nur noch wenige Wochen. Tags scheint die Sonne schon ganz schön. Allerdings noch ohne viel Wärme. Aber es wird schon werden.

Herzliche Grüße

Von Ali hatte ich auch schon eine Karte!

Dein Otto!

den 21.2.42

Meine liebe Annemie!

Seit langer Zeit habe ich von Dir keine Post mehr erhalten. Es sind bestimmt schon Wochen her. Um nun die Verbindung nicht ganz abreißen zu lassen, will ich Dir und wieder einen Brief zukommen lassen. Doll ist es augenblicklich überhaupt nicht mit unserer Postbestellung. Es dauert immer sehr lange bis wir sie bekommen. Sie wird wohl aus der Heimat schnellstens hierher befördert, aber die letzten km nehmen die meiste Zeit in Anspruch. Sie wird anscheinend nicht sortiert oder was weiß ich. Ob die keine Zeit haben beim Feldpostamt ist mir auch nicht bekannt. Na, das ist nun ja wieder nur ein kleines Übel. Wenn es uns nur gut geht, wollen wir zu finden sein. Von mir kann ich es immer noch behaupten. Habe wieder zwei Filme vollgeknipst. Die werde ich in den nächsten Tagen zu Dir auf den Weg schicken. Ich warte nun ja sehnlichst auf das Resultat meiner vorherigen „Film-kunst". Bisher habe ich in ganzen 3 Filmen zu Dir geschickt. Ich hoffe doch, dass sie bei Dir angekommen sind. Leider habe ich aber nur einen zurück bekommen, d.h. die entwickelten Bilder natürlich! Das war schon Anfang Dz. Nun haben wir schon bald den Febr. hinter uns. Ich hoffe aber ja stark, dass sie bei der näch-sten Post von Dir dabei sind!

Wie geht es Dir sonst? Immer noch gesund und munter? Was macht Ali, und wo ist er? Und wirst jetzt wohl mal mehr nach Marne fahren was? [...] Muttis Geburtstag oder Klärchens Urlaub hast du doch bestimmt zum Anlass genommen um mal wieder kurz zu Hause sein zu können, nicht? Wann ich wohl mal wieder dort unverhofft einlasse? Vorläufig ist noch gar nicht dran zu denken. Bei uns gibt es keinen Urlaub. Wird wohl auch vor Ende dieses Feldzuges nichts werden. Na, wir warten in Geduld weiter!

Herzliche Grüße

Dein Otto!

den 25.2.42

Meine liebe Annemie!

Damit meine Glückwünsche zu Deinem Geburtstag auch rechtzei-tig ankommen, muss ich sie heute wohl schon zu Dir auf den Weg schicken! Also, nimm meine herzlichsten Glückwünsche, verbunden mit den besten Wünschen für das neue Lebensjahr, entgegen! Ich habe mal kurz nachgerechnet und festgestellt, dass Dein Geburtstag auf einen Sonnabend fällt. Dann muss ich wohl mit Bestimmtheit annehmen, dass Du ihn zusammen mit den Lieben in Westerdeich verbringen wirst! Also, dann viel Spaß und lasst Euch den Geburtstagskaffee gut schmecken. Ich werde ihn in Gedenken mittrinken oder als Ersatz unseren „Negerschweiß"[20] schlürfen.

Seit gestern haben wir nun tatsächlich Tauwetter. Es ist allerdings noch mit Schneefall verbunden. Doch bringt der Schnee nicht viel. Wir sind allerdings noch im Zweifel ob es nun schon der endgültige Abschied des Winters sein wird. Zu wünschen wäre es ja. Doch ich bezweifle es noch stark. Schön wäre es ja und der Angriff könnte dann auch so viel eher wieder beginnen. Wenn wir nur den Matsch erst gut überstanden hätten. Der ist nur noch in allzu guter, oder besser gesagt, schlechter Erinnerung, vom Herbst her. Doch auch das geht vorüber und wird wohl leichter zu ertragen sein als die grimmige Kälte!

Heute bekam ich noch ein Weihnachtspäckchen. Es war von ehm. Quartiersleuten aus dem Rhld[21]! Dann bekam ich auch einen Brief von Reiner K. Deinen Brief vom 15. Dez. erhielt ich vor einigen Tagen. Meinen herzlichsten Dank! Mit dem Beantworten der Briefe ist immer so eine Sache. Denn die Fragen, die in ihnen gestellt werden, sind meistens durch die Zeit überholt! Die Post geht eben zu lange!

Nun nochmals herzliche Glückwünsche und herzliche Grüße,

Dein Otto!

---

[20] Landserausdruck für Kaffee.
[21] Rheinland

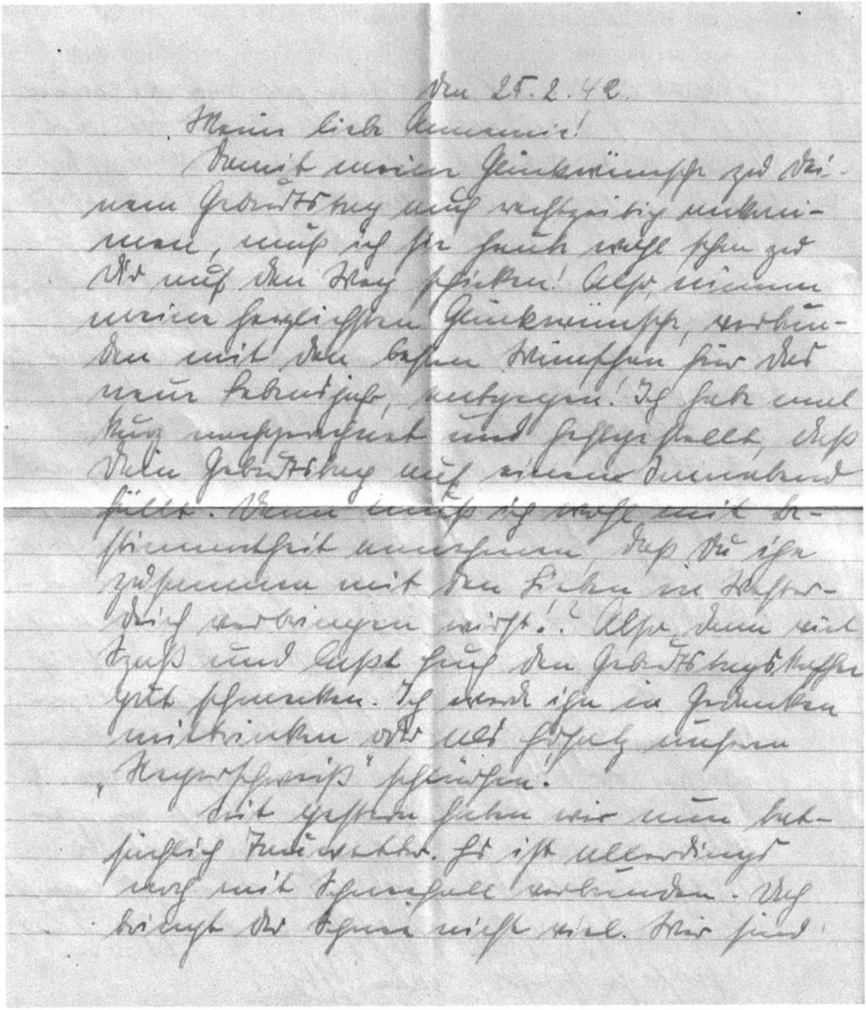

Den 25.2.42.

Meine liebe Mammi!

Damit meine Glückwünsche zu Deinem Geburtstag auch rechtzeitig ankommen, muß ich sie heute schon zu Dir auf den Weg schicken! Also, nimm meine herzlichsten Glückwünsche, verbunden mit den besten Wünschen für Dein neues Lebensjahr, entgegen! Ich habe mal nachgerechnet und festgestellt, daß Dein Geburtstag auf einen Sonnabend fällt. Dann muß ich doch mit Bestimmtheit annehmen, daß Du ihn zusammen mit den Lieben in Hasserode verbringen wirst!? Also, dann viel Spaß und laßt Euch den Geburtstagskaffee gut schmecken. Ich werde ihn in Gedanken mittrinken oder als Ersatz unseren „Negerschweiß" schlürfen.

Seit gestern haben wir nun beständig Tauwetter. Es ist allerdings noch mit Schneefall verbunden. Doch bringt der Schnee nicht viel. Wir sind

Vorderseite des Briefes vom 25.2.1942.

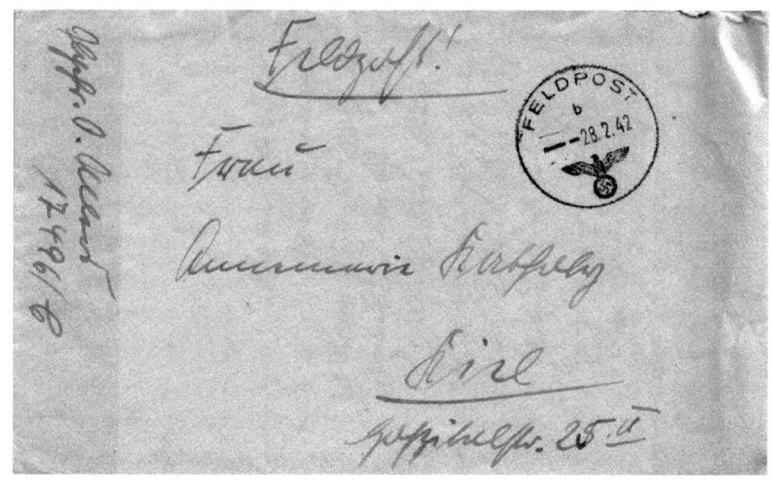

Der Briefumschlag

den 28.2.42

Meine liebe Annemie!

Schicke Dir heute wieder zwei Filme. Du besorgst sie mir doch?
Im Ganzen habe ich Dir nun 5 Stck. geschickt. Hoffentlich sind
sie alle bei Dir angekommen! Leider habe ich nur die Bilder des
Ersten zurückgekommen. Ich warte täglich auf mehr. Die beiden
Filme sind französischer Herkunft. Klärchen schickte sie mir. Nun
weiß ich nicht so recht ob sie etwas geworden sind, die Aufnah-

men. Denn für meinen Apparat sind sie anscheinend zu dick. Die letzten Bilder konnte ich nämlich gar nicht weiterdrehen. Ich habe dann vorsichtig, bei Dunkelheit, den Apparat geöffnet und den Film weiter gedreht. Hoffentlich ist nun kein Licht hinzugekommen. Das wäre schade. Aber auf jeden Fall, lass sie bitte entwickeln. Die Unkosten erstatte ich Dir ganz zurück!

Bekam früh deinen lieben Brief von 12.1. Herzlichen Dank. Auch von Mutti war ein Brief dabei und von Klärchen ein Päckchen mit allerhand nützlichen Sachen! Dass Ali auf dem rechten Auge nicht gut sehen kann, ist, glaube ich, noch kein Grund zur Entlassung. Wir hatten in Munster mal einen mit einem Glasauge. Er kam aber später zum Ers. Btl. Vielleicht ist Ali ja nicht Farbverwendungsfähig!? Ich will Dir auch verraten, dass es bei mir wegen meines Gehörs, genau derselbe Fall ist. Als ich in Munster mal zum Facharzt war, hat er der Kp. auch mitgeteilt, dass ich für ein Feldtruppenteil untauglich sei. Daran habe ich aber erst kürzlich erfahren! Na, mir wäre es bei einem Ers. Tr. T. auch wohl doch zu langweilig geworden!

In letzter Zeit kamen bei unserer Kp. sehr viele Briefe, an „unbekannte Soldaten" adressiert, an. Die Feldp. Nr. haben sie durch den Belgrader jungen Wachposten übermittelt bekommen! Am 28. Dz. hat er nämlich Grüße von uns an unsere Lieben Daheim, und an verwundete Kameraden übermittelt. Du hast sie wohl nicht auch zufällig gehört?

Herzl. Grüße,

Dein Otto

den 4.3.42

Meine liebe Annemie!

Heute kann ich Dir endlich für Dein liebes Weihnachtspäckchen danken. Gleichzeitig auch für Deinen lieben Brief vom 22.12.41 mit den Bildern meines 2. Films. Also, nimm' für all die lieben Sachen meinen allerherzlichsten Dank entgegen. Du hast mir wirklich eine sehr große Freude gemacht. Mir scheint, so ganz klein sind die Geschenke gar nicht. Alles liebe, nette Dinge, die mir Freude machen und ich gut gebrauchen kann. Ich weiß gar nicht wie ich Dir dafür danken soll. Zum Rauchen habe ich im Augenblick immer reichlich. Ja, ich habe mir sogar im Laufe der Zeit 13 Pakete Tabak übersparen können. (Für evtl. eintretende schlechte Zeiten!) Das kleine Heft: „Wir liegen in Paris" habe ich sogleich hergenommen und soeben durchgelesen. Es weckte in mir alte liebe Erinnerungen. Du hast so richtig das getroffen, worauf mein Herz begehrt! Auf den ersten Brief, den ich auf das von Dir erhalten Briefpapier schreiben werde, musst Du wohl noch ein bisschen warten! Im Augenblick habe ich noch anderes im Gebrauch. Das schickte mir Klärchen vor einiger Zeit. Aber das ist ja schließlich auch egal, nicht? Hauptsache, Du bekommst Deinen Brief. Bin augenblicklich auch richtig mit Briefpapier eingedeckt! Klärchen schickte mir heute schon wieder welches. Der Krieg könnte beinahe aus sein, wenn ich das alles beschrieben habe! – Mit dem Ergebnis meines zweiten Films bin ich sehr zufrieden. Die Bilder sind gut, wie mir scheint, und eine schöne Erinnerung! – Heute bekam ich auch noch ein Weihnachtspäckchen von Mutti mit braunen Kuchen. Dann von Klärchen zwei Päckchen, eins mit Briefpapier, das andere enthielt viele Süßigkeiten. Du siehst also, es war ein „guter" Tag für mich.

Wie geht es Dir sonst, mein Dern, und was macht Ali?

Herzliche Grüße

Dein Otto!

(Karte dabei ohne Datum)

Dein Taschenkalender hat mir schon den ersten guten Dienst erwiesen. Ich habe daraus nämlich entnommen, dass das Osterfest am 5. u. 6. April ist. Da wird es ja Zeit, dass ich meine Ostergrüße auf den Weg schicke. Nimm also meine herzlichen Grüße zu diesem Fest entgegen!

Dein Otto!

den 10.3.42

Meine liebe Annemie!

Diesmal muss ich mich für drei Briefe und Zigaretten bedanken. Die Briefe waren von 29.12, 2.2., u. 13.2.42. Die letzten beiden sind eigentlich schnell in meine Hände gelangt. Meinen recht herzlichen Dank. Dann noch für die „neueste Aufnahme" von Dir meinen herzlichsten Dank! – Nun hast Du wohl schon Deine große Reise nach Ali hinter Dir. Wie war es denn? Du bist ja sicher auch dem Frühling entgegengefahren! Seit gestern haben wir auch ein bisschen Tauwetter. Verbunden mit Schneetreiben. Die Luft ist aber einigermaßen mild. Wir haben in gut 10 Tagen ja auch schon Frühlingsanfang. Da wird es auch so langsam Zeit, dass der Schnee verschwindet. Aber bis dahin ist wohl noch eine gute Zeit. Es liegt ja zu viel davon. Ich rechne vor Ende April gar nicht mit gutem und beständigem Wetter. Wer weiß wo wir dann sind!? Du schreibst bei Euch spricht man viel von Ablösung der Osttruppen von denen aus dem Westen? Ja, bei uns wird auch so allerhand gemunkelt. Es sind auch schon welche aus dem Westen hier. Nur, ob auch welche dafür rausgekommen sind, davon weiß ich nichts. Wir hoffen ja, dass wir zum Frühjahr bei Beginn der neuen Offensive rauskommen. Es sind so allerhand Gründe dafür vorhanden. Jedenfalls denken wir, dass es welche sind. Ich darf sie Dir ja nicht aufzählen. Aus naheliegenden Gründen nicht. Aber wie gesagt: diese Hoffnung besteht vorläufig nur in unserer Phantasie. Es ist noch nichts bekannt. Wahrscheinlich täuschen wir uns auch mal wieder gründlich. Im vergangenen Herbst hatten wir ja auch solche Hoffnungen! Damals hatten wir ja noch Angst vor dem Winter. Den haben wir nun aber hoffentlich bald hinter uns!

Herzliche Grüße,

Dein Otto!

den 19.3.42

Meine liebe Annemie!

Heute bedanke ich mich für Deine Briefe vom 22.1. u. 10.2.42. Ebenfalls für die Beilage an Zigaretten und 1 Illustrierte u. 1

Filmwelt. Für Illustrierte bin ich auch immer sehr dankbar. Dann sieht man wenigstens im Bild, was in der Welt vor sich geht. Tageszeitungen bekomme ich immer von Kameraden zu lesen. Wann das Geschehen, welches darin geschildert wird, auch schon der Vergangenheit angehört, so bekomme ich die Neuigkeiten doch wenigstens noch zu wissen. – Denk' mal, gestern war ich tatsächlich im Kino. Ich musste allerdings ¾ Std. marschieren. Aber das Wetter war gut. Es gab den Film: „Ehe man Ehemann wird." Sicher schon uralt nicht? Für mich war er aber neu, trotz des wecken Aktwechsel und eisig kalten Füssen. Die Wochenschau war von Jan. u. zeigte u.a. Bilder zum Tate des Gen. Feldm. von Reichenau. Dann noch Aufnahmen von Leningrad und der Krim. Jedenfalls war es mal eine Abwechslung. Neulich bekamen wir ein Päckchen vom Sender Belgrad. Ich habe es mit einigen Kameraden geteilt. Im Ganzen bekam die Kp. 7 Stk. Wir haben doch durch den Sender Grüße an unsere Lieben übermitteln lassen. Nun kommt eine Menge Post an „unbekannte Soldaten" adressiert. Habe auch schon an einige geschrieben. Das macht mir Spaß! - Seit gestern scheint die Sonne so herrlich. Obgleich es noch friert und von Tauwetter noch keine Spur ist, sind wir doch sehr dankbar dafür. Vor einigen Tagen hatten wir nämlich noch einen wüsteren Schneesturm. Eine grimmige Kälte dazu und wir waren am Ende richtig eingeschneit. War auch einen Vormittag zum Schneeschaufeln. Trotz der Kälte habe ich beinahe geschwitzt dabei! – Was ich sonst so treibe? Geheim! Jedenfalls geht es mir gut! Ist ja schließlich auch die Hauptsache!

Herzliche Grüße

Dein Otto!

den 27.3.42

Meine liebe Annemie!

Da heute Dein Geburtstag ist, sollst Du zur Feier des Tages einen Brief von mir haben! Hoffentlich haben Dich meine Glückwünsche rechtzeitig erreicht. Ich habe heute morgen gleich an Dich gedacht. Hoffentlich hast Du in Kiel besseres Geburtstagswetter als wir es hier haben. Es stürmt und schneit mal wieder zur Abwechslung. Dabei hatten wir nun stark mit Tauwetter gerechnet. Einige Tage hat es auch tatsächlich getaut. Wir werden auf jeden Fall noch ein weißes Osterfest erleben. Auch eine Seltenheit. So etwas erlebt man nicht alle Jahre. Doch wäre mir bedeutend lieber, wenn endlich der Schnee verschwinden würde. 5 lange Monate weiter nichts als Schnee und nochmals Schnee. Das Auge verlangt so langsam noch einen andren Anblick. Doch man muss sich eben in Geduld fassen und warten! – Seit einigen Tagen habe ich ein neues Kommando. Nämlich: Das Rgt. ist von hier etwa 120 km entfernt im neuen Einsatz. Vor einigen Tagen ist es dorthin gezogen. Da nun aus verschiedenen Gründen nicht alle Fahrzeuge mitgenommen werden konnten, sind die restlichen Fahrzeuge des Rgts. hier zusammen gefahren worden und von jeder Kp. ein Mann zur Bewachung kommandiert. Von unserer Kp. wurde ich dazu befohlen. Wie lange wir nun darauf warten müssen bis wir nachgeholt werden, weiß ich nicht. Es wird geredet, dass es bis Mai dauern wird. Dann sollen wir endgültig abgelöst werden. (So wird erzählt). Unser neuer Wirkungskreis soll dann der Üb.Platz „Groß Ben" sein. Bis jetzt ist ja nur alles Gerede und nichts amtliches bekommt. Aber mir wäre es schon recht!

Herzliche Grüße

Dein Otto!

Meine liebe Annemie!

Heute gab es bei uns, nach 3-4 Wochen, endlich mal wieder Post. D.h. ich habe sie selbst geholt und 25 km darum zurückgelegt. Aber das habe ich gerne getan. Es lohnte sich für mich auch außerordentlich. Bei Dir muss ich mich für Briefe bes. Päckchen vom 27.2. – 4.3. – 9.3. – 15.3. – 10.3. und für die Karte aus Karlsruhe bedanken. Ich tue es hiermit auf das herzlichste. Ebenfalls für die Zigaretten und Puddingpulver. Ich habe heute rund 300 Zigaretten und 3 Pakete Tabak bekommen. Ich habe jetzt so reichlich zum Rauchen und möchte Dich bitten, den Anteil Deiner Zigaretten, den Du mir zugedacht hast, in Zukunft Ali zukommen zu lassen. Vielleicht braucht er sie nötiger. Ich glaube Ali ist auch noch ein stärkerer Raucher als ich. Übrigens auch noch herzlichen Dank für die Bilder des dritten Films. Sie zeigen ja gerade nichts besonderes. Aber mir scheint sie sind mir gut gelungen und für mich knüpfen sich doch viele Erinnerungen daran! Dein Geburtstagsglückwünsche kommen ja gerade zur rechten Zeit. Dafür auch noch herzlichen Dank. Ich habe sonst kaum selbst dran gedacht, dass ich Geburtstag hatte. Es erinnerte mich auch nichts daran. Post kam gestern noch nicht und von den Kameraden hat es niemand gewusst! – Das Osterfest verlief ebenfalls ruhig. Ich habe bei schönem Sonnenschein an beiden Tagen einen kleinen Spaziergang gemacht. Als Osterzulage bekamen wir 1 Tafel Schokolade und einen Klöben. Mal wieder Weißbrot zwischen den Zähnen zu haben, war doch bestimmt ein angenehmer Geschmack. Dann bekamen wir an Marketenderwaren jeder 120 Zigaretten, einige Zigarren und mit 6 Mann 1 Flasche Likör und 2 Flaschen Cognac. Dann haben wir uns am Ostersonnabend einen gemütlichen Abend gemacht. Wir waren ordentlich in Stimmung. War auch mal schön, alles Trostlose und Elend um uns herum zu vergessen!

Bei der heutigen Post waren für mich auch noch zwei Weihnachtspäckchen. Das sind nun tatsächlich Osterpäckchen geworden. Ich habe mich mächtig dazu gefreut. Eines von den Lieben Daheim und eins von Elly. Zwei Bücher waren dabei: „Der Heldenkampf um Narvik"[22] und „ Vom tapferen Leben"[23]. Das Letztere ist von Elly. Wenn ich sie gelesen habe, werde ich sie bei Gelegenheit nach Hause schicken. Klärchen schickte mir auch eine Menge Zigaretten und Süßigkeiten. Sie hat ihren Urlaub ja nun hinter sich. Es ist trotz des schlechten Wetters, bestimmt schön gewesen! – Als ich von der Operation Papas las, war ich am Anfang doch erschrocken. Aber Du hast mich ja ebenso schnell wieder beruhigt. Ich wusste noch gar nicht davon. Mutti schrieb es mir noch gar nicht. Doch Lilly schrieb mir, dass sie Papa im Krankenhaus besucht hätte und Papa die Operation gut überstanden hätte. Ich glaube es ist das erste mal, dass Papa im Krankenhaus gelegen hat. Hoffentlich bleibt es auch bei dem einen Mal!

Vorige Woche war ich mal im Varieté. Es wurde aber nichts dolles gespielt. Der größte Teil bestand aus Musik und Lieder. Die Aufführenden waren auch aus Landser und ein ukrainischer Mädchenchor. Unseren „prominenten" mag man wohl nicht zumuten, dass sie in diese Einsamkeit kommen. Vielleicht gehe ich aber in den nächsten Tagen mal wieder ins Kino. Es ist nur immer schwierig, Karten zu bekommen. – Die neueste Parole bei uns heißt nun: „Anfang Mai werden wir bestimmt herausgezogen. Frühjahrsoffensive brauchen wir auf keinem Fall mehr mitmachen". Ich weiß nicht ob ich schon daran glauben darf. Doch hoffe ich zuversichtlich!

---

[22] von Otto Mielke.
[23] Von Georg Büsing.

Bisher geht mir es immer noch gut!

Herzliche Grüße, Dein Otto!

den 22.4.42

Meine liebe Annemarie!

Heute schicke ich Dir wieder zwei Filme, mit der Bitte, sie entwickeln zu lassen. Den einen habe ich allerdings nicht selbst belichtet. Ich habe ihn „gewissermaßen" gefunden. Aber ich nehme an, dass es auch Aufnahmen aus Russland sind und mich daher auch interessieren.

Ich warte nun noch auf den Erfolg meiner letzten beiden Filme. Vielleicht ist ja Licht dran gekommen wie ich Dir damals euch schrieb! – Am Sonnabend werde ich wohl mal wieder Post holen. Die Bahn ist jetzt wieder fahrbereit. Es wird sich dann wohl wieder etwas angesammelt haben. Sind dann auch bald drei Wochen her, seit wir die Letzte erhielten! – Das Wetter ist augenblicklich prima.

Die Sonne scheint schön warm und es weht ein warmer Wind. Der trocknet den Matsch schnell wieder ab. Der Schnee ist jetzt ziemlich verschwunden. Nur wo er zusammen geweht ist, liegt noch etwas. Da bin ich nun jeden Tag dabei und werfe ihn auseinander. Dann taut der Rest schneller und befreit uns endlich von seinem Anblick. Dann grab ich auch immer Abflusskanäle. Es läuft gerade bei unserem Haus eine Menge Wasser zusammen. Ich habe dabei Gummistiefel an und kann also ruhig ein bisschen im Wasser und Matsch weben. Der Matsch ist ja noch beträchtlich. Aber ich glaube auf der sogenannten „Panzerstraße" ist er schon weg! – Meine Entzündung am Fuß ist immer noch nicht ganz geheilt. Ich lasse ihr auch wohl nicht die nötige Ruhe. Aber bei solchem Wetter mag ich nicht in der Bude hocken. Aber so langsam wird es auch wieder. Nur Geduld!

Herzliche Grüße

Dein Otto!

den 30.4.42

Meine liebe Annemie!

Für Deine Briefe und Päckchen mit Zigaretten meinen herzlichen Dank. Die Briefe waren vom 31.3. und 9.4.42. Ich erhielt nach langer Zeit wieder eine Menge Post und zum Rauchen war auch viel dabei. Ich muss ja auch einen kleinen Bestand haben. Denn wenn wir demnächst unsere Reise antreten werden wir wohl kaum noch unterwegs mit Rauchmaterial versorgt werden. Vielleicht geht es ja gleich, wie allgemein angenommen wird, nach Südfrankreich. Das wird ja eine lange Fahrt werden. Aber schön wäre es. In Byalystok sollen wir angeblich drei Tage Aufenthalt haben und entlaust werden. Muss ja herrlich sein. Wir haben uns jetzt aber schon ganz gut an die lieben kleinen Tierchen gewöhnt! – Ja, mit unserer Abreise wird es nun wohl tatsächlich wahr. Wir sind nämlich schon eifrig von packen. Es bleiben nämlich verschiedene Fahrzeuge hier. Das muss nun natürlich alles mit auf die anderen Fahrzeuge verladen werden! Ach, wir können uns das Glück noch gar nicht verstellen. Der Russe beharkt uns zum Aoschiw[24] noch anständig mit seiner Artillerie. Ein genauer Termin für unse-

---

[24] Aoszniow?

re Abreise ist allerdings auch nicht bekannt. Ebenfalls nicht unser Reiseziel!

An Hans Zuber erinnere ich mich auch sehr gut. Ich erhielt auch schon prompt eine Karte von ihm. Leider hat er es versäumt, mir seine Adr. anzugeben. Grüße Du ihn bitte herzlich von mir und bitte ihn um seine Adr. Auch möchte ich gerne die Adr. von Ali! – Übrigens noch meinen herzlichsten für die Bilder. Ich bin sehr zufrieden damit. Auch habe ich einige Illustrierte erhalten. Ebenfalls herzlichen Dank dafür!

Gestern hatten wir noch mal wieder Schnee. Heute morgen war alles mit einer weißen Deck überzogen. Doch nun ist es wieder verschwunden und die Sonne scheint herrlich. Morgen haben wir ja auch schon den 1. Mai.

Ich hoffe, dass ich mich nun für alles bedankt habe und grüße Dich herzlichst,

Dein Otto!

den 5.5.42

Meine liebe Annemie!

Für die Zigarettenpäckchen nebst Brief von 14.4. und Deinen Brief von 21.4. meinen herzlichsten Dank. Ich erhielt beide früh. Ich habe Zeit genug und beantworte meine Post immer gleich wieder. Augenblicklich arbeitet die Post tadellos. Hoffentlich bleibt es so!

Eigentlich wollten wir ja nun bald auf der Bahn liegen und einer anderen Gegend unseren Besuch abstatten. Aber es ist wieder mal anders gekommen als wir „kleinen" Landser dachten. Unsere Enttäuschung war anfänglich natürlich sehr groß. Aber wir hatten auch schnell wieder einen Trost gefunden. Nämlich den, dass die ganze Sache nur verschoben wäre. Wir rechnen, dass es in 14 Tagen, 3 Wochen los geht. Die Vorbereitungen sind doch schon alle soweit getroffen, dass wir nur verladen brauchen. Ein Vorkommando soll auch schon weg sein. Also können wir uns nicht vorstellen, dass nun alles abgeblasen ist. Wir warten und hoffen weiter! Pfingsten werden wir dann evtl. doch noch hier verbringen müssen. Hinsichtlich dieses schönen Festes hatten wir auch schon andere Pläne! Auf jeden Fall will ich es nicht versäumen und Dir ein recht frohes Pfingstfest wünschen. Du wirst es wohl zu Hause bei den Lieben verbringen?

Heute waren wir schon zum Entlausen. Bis jetzt haben sich noch keine wieder eingestellt. Auf jeden Fall fühlen wir uns frisch und gesund. Ich weiß aber nicht ob wir nun schon endgültig von diesen Biestern befreit bleiben. Vorläufig müssen wir ja noch unser Quartier in den Russenhäusern behalten. Natürlich haben wir uns die Russen nach Möglichkeit vom Leibe. Wenn`s nicht ist, schadet die „Kur" auch nichts. Wir konnten jedenfalls mal richtig duschen. Das war herrlich und haben wir ordentlich geplanscht. Ich hatte allerdings gestern erst „gesaunat". Ich nehme an, dass Du Dir darüber etwas vorstellen kannst. Die Sauna ist ein Schwitzbad. Bestimmt eine gute Einrichtung, aber hier in Russland natürlich, wie ja überhaupt alles, sehr primitiv. Aber ihren Zweck erfüllt sie jedenfalls und man wird ordentlich frisch. Ich habe solches Bad schon öfter genommen. Saunas sind in jedem Dorf. In Winter muss man sich allerdings vorsehen, sonst hat man leicht eine Lungenentzündung weg! Der Wind pfeift nämlich überall hindurch! – Augenblicklich ist es wieder sehr kalt. Wir hatten heute sogar Schnee. Geheizt haben wir auch wieder. Das können wir ja haben!

Herzliche Grüße und nochmals

Frohe Pfingsten

Dein Otto!

den 13.5.42

Meine liebe Annemie!

Für Deinen lieben Brief von 28.4. nebst den schönen Aufnahmen, meinen herzlichen Dank! Die beiden Jungs sind ja ein paar fixe Kerle geworden. Es wird bestimmt so langsam mal wieder Zeit, dass ich sie zu sehen bekomme. Bis ich mich dann mit ihnen angefreundet habe, wird wohl einige Tage dauern. Wenn wir nun demnächst von hier abhauen, und dann zur Aufstellung irgendwo in Ruhe kommen, würden die Aussichten auf Urlaub ja auch näher. Es kann ja nicht so lange dauern bis wir dran kommen, denn wir sind ja nur noch ein kleines Haufen.

Weil Du nun länger nichts mehr von mir gehört hast, wie Du schreibst, schicke ich diesen Brief per Luftpost. Dann wird er wohl in einigen Tagen bei Dir sein. Aber ich denke doch, dass inzwischen wieder was von mir eingetroffen ist. Wir bekommen dann und wann mal solche Marken geliefert. Vor einigen Tagen habe ich auf ein Stck. Toilettenseife für Dich abgeschickt. Es ist zwar Russenseife, aber sie ist gut und wahrlich auch das einzig Gute was es hier gibt in dem Land. Hoffentlich erwiest sie Dich nun auch! - Mutti schrieb ja auch, dass 2 Päckchen an mir angekommen seien. Ich habe schon inzwischen einige mehr abgeschickt. Viel wertvolles enthalten sie ja nicht. Doch ich habe auch meine Bücher mit eingepackt und würde mich sehr ärgern wenn sie verloren gingen. Man muss da sehr vorsichtig sein. Wenn sie über 2 wiegen, werden sie in der Heimat aufgemacht und an die N.S.V. verteilt. Ohne Schadenersatz! Ich hoffe aber, dass alles klar geht!

Wir denken nun nur noch an unseren Abmarsch. Es steht unmittelbar bevor. Wahrscheinlich geht es am Sonnabend oder Sonntag los. Wir sind alle froh darüber. Bis zum Verladebahnhof müssen wir noch 25 km marschieren. Aber das ist ja gar keine Entfernung. Wir sind nur noch neugierig auf unser Ziel. Aber das bleibt ja geheim. Na, so eine Fahrt ins „Blaue" hat auch seine Reize. Auf die Bahnfahrt freue ich mich. Sie wird wohl Tage dauern. Dann kommen wir wohl auch so langsam dem Frühling näher. Beinahe müssen wir ja merken können, wie es so langsam wärmer wird. Hoffentlich haben wir dann keinen Regen. Seit einigen Tagen ist auch hier das Wetter etwas besser geworden. Die Sonne scheint ein bisschen. Heute pfeift allerdings ein ordentlicher Wind. Die Russen sind nun mit Macht bei der Landbestellung. Graben wird der deutsche Soldat wohl wieder!

Herzliche Grüße

Dein Otto!

den 20.5.42

Meine liebe Annemie!

Dein Brief vom 11.5. hat mich sehr schnell erreicht. Ich erhielt ihn schon gestern. Allerdings habe ich ihn auch wieder aus 25 km Entfernung geholt. Mir ist es aber keineswegs zu weit. Bin gestern morgen mit einem L.K.W. nach dort gefahren. Die Rückreise musste ich heute morgen allerdings zu Fuß machen. Habe dort bei unserem Rechnungsführer übernachtet. Abends besuchte uns noch ein […]bomber. Es gab einen gewaltigen Lärm und Feuerzauber. Direkt am Haus steht nämlich Flak. Doch auch das ist uns nicht neu und wir haben weiter nicht in unserer Nachtruhe stören lassen. Fliegeralarm und in den Keller flitzen gibt es bei uns ja Gott sei Dank nicht. Die Bomben hieben auch in einiger Entfernung von uns.

Leider, ich muss es wohl so nennen, hat mich Dein Brief doch noch in Russland erreicht. Und die nächsten müssen wohl oder übel auch ihre Reise nach dem Osten antreten. Mit unserer Ablösung ist es leider nichts mehr geworden. Alle Freude war umsonst und versauft. In letzter Minute ist alles abgeblasen worden.! Warum? Ich weiß es nicht! Sonntag morgen um 8Uhr sollten wir ja abrollen. Sonnabend wurde plötzlich „das ganze Halt!" geblasen! Unsere Entfernung war natürlich sehr groß. Wir waren doch fest, und mit Recht, davon überzeugt, dass nun nichts mehr schief gehen könnte! Denn alles war schon soweit vorbereitet. Ja, es waren sogar schon Einheiten abgefahren. Die mussten wieder umkehren und ausladen. Beim Kammiß gibt es eben nie etwas endgültiges! Sonst wären wir bestimmt schon in Deutschland gewesen. Ich wag gar nicht dran denken. Nur wissen möchte ich, was nun wieder los ist. Doch auch da werden wir noch hinter kommen! Es hat nun ja auch keinen Zweck lange Trübsal zu blasen, und ich tue es auch nicht. Wir sind ja ohnehin nicht verweichlicht. Die Urlaubsaussichten sind somit auch wieder in weite Ferne gerückt! Wir können weiter nichts tun als uns auf einen späteren Zeitpunkt vertrösten und von neuem anfangen zu hoffen! Wir haben ja da kleinen Trost, dass es jetzt dem Sommer entgegen geht. Hoffentlich brauchen wir hier keinen zweiten Winter verbringen. Doch ich denke da wohl richtig weit im Voraus!

Trotz der „schweren Erschütterung" geht es uns noch gut.

Dir hoffentlich auch?!

Herzliche Grüße

Dein Otto

den 24.5.42

Meine liebe Annemie!

Heute packe ich wieder einen Film ein, mit der Bitte, ihn entwickeln zu lassen! Wird Dir es mit der Zeit auch nicht zu viel? Die Negative bewahrst Du mir doch auf? Ich muss später wohl noch verschiedene Abzüge nehmen lassen. Verschiedene Kameraden möchten auch Bilder daran. Aber damit werde ich Dich dann nicht belästigen.

Heute haben wir nun Pfingsten und merken gar nichts daran. Die Feste gehen hier so im Einerlei des Geschehens dahin. Du verlebst es wohl in Westerdeich, dies Fest, was? Das Wetter ist auch gar nicht schön. Bedeckt und regnerisch!

Demnächst werden auch wohl die Bilder der beiden letzten Filme, die ich Dir schickte, wieder zurück kommen. Die Post arbeitet nun ja verhältnismäßig schnell!

Herzliche Grüße und für alle Mühe herzlichen Dank,

Dein Otto!

den 2.6.42

Meine liebe Annemie!

Nun habe ich aber längere Zeit nichts von Dir gehört. Das ist mir nun doch mal aufgefallen. Aber Du wirst wohl das gleich von mir behaupten, was? Ja, ich habe immer auf Post von Dir gewartet. Nun dauert es mir aber doch zu lange und ich ergreife die Feder. Die Schuld gab ich natürlich nur der Post!

Vor einigen Tagen habe ich auch wieder einen Film abgeschickt. Hast Du ihn inzwischen erhalten? Ist auch das Stück Toilettenseife schon bei Dir eingetrudelt? Ich warte nun mit Sehnsucht auf die Bilder der letzten beiden Filme. Hoffentlich ist was gescheites dabei herauskommen!

Dass es mit unseren Ablösung nichts geworden ist, habe ich Dir ja schon im letzten Brief berichtet, nicht? Wir haben nun die große Enttäuschung überwunden. Lange Trübsal blasen hat ja auch keinen Zweck. Die Sonne will uns anschließend ein wenig für unsere Enttäuschung entschädigen. Sie meint es in den letzten Tagen sehr gut. Doch ich kann die Hitze ja sehr gut vertragen! Wir können nun bald einjähriges Jubiläum feiern. Als wir vor einem Jahr über die Grenze zogen, haben wir nicht daran gedacht nach einem Jahr noch in diesem Land zu sein. Im Süden geht es ja auch schon wieder flott vorwärts. Ab und zu dringen mal einige Nachrichten zu uns durch. Bei uns ist noch alles beim Alten. Vorläufig bleibt unsere Front wohl unverändert. Wir liegen noch in den alten festen Stellungen!

Nach der Läuseplage des Winters, bringt der Sommer als Ablösung die Mücken. Die hetzen uns auch anständig zu. Die Wanzen sind auch nicht zu vergessen. Doch verschmähen sie mein Blut Gott sei Dank, sodass ich von den unangenehmen Bissen verschont bleibe. Allerdings muss ich das Kribbeln und Krabbeln des Nachts auch über mich ergeben lassen. Wir liegen im ständigen Kampf mit den Ungeziefer. Dieser Gegner ist auch nicht zu nehmen. Es sind schon viele Krankheiten dadurch entstanden. Überhaupt hat das Russenland seine eigenen Krankheiten, die wir fast gar nicht kennen. Ich bin aber noch von allem verschont geblieben!

Mutti schrieb mir, dass Du längere Zeit ohne Nachricht von Ali seiest. Ja, meine liebe Annemie, man muss eben ein bisschen Geduld haben. Du weißt das ja auch von mir. Aber ich hoffe doch, dass inzwischen wieder Nachricht eingetroffen ist!

Herzliche Grüße

Dein Otto!

den 12.6.42

Meine liebe Annemie!

Ja, ich hatte schon lange auf Post von Dir gewartet. Hast auch aber auch lange warten lassen. Heute erhielt ich endlich mal wieder etwas von Dir. Herzlichen Dank für Deinen lieben Brief vom 29.5. mit den Bildern. Die sind ja prima geworden. Von meinem Film sind alle geglückt. Hätte ich gewusst, dass mit dem anderen nicht mehr los war, hätte ich ihn Dir bestimmt nicht geschickt. Die beiden Bilder, welche davon geglückt sind, haben für mich auch gar kein Interesse. Wohl kenne ich den einen, er ist einer aus meiner Kp. Aber sonst ... Es tut mir leid, dass ich Dir da unnütze Kosten gemacht habe. In Zukunft werde ich keine gefundenen Filme mehr zum Entwickeln schicken.

125

Gerade eben habe ich ein Bad in der Sauna genommen. Bin nun wieder frisch und munter. Ein Freibad habe ich auch schon mal genommen. Das Wasser war, trotz der herrschenden Strömung in den Fluss, schön warm. Augenblicklich lässt das Wetter wieder sehr zu wünschen übrig. Regen und Wind sind eifrig am Werk. Nur ganz selten wagt sich die Sonne mal für einen Augenblick durch. Heute hagelte es sogar schon. Eigentlich richtiges Herbstwetter!

Ich hatte wieder mal das Glück, mir 2 Filme ansehen zu können. Das war einfach prima. Sie hießen: „Alles für Gloria", und „Oh, diese Männer". Beide haben mir sehr gut gefallen und ich habe mal wieder aus vollem Halse gelacht. Dazu gab es die Wochenschau. War wohl von April. Eintritt ist frei. Doch wird für das deutsche rote Kreuz gesammelt. In einer kleinen Pause wird auch noch der Wehrmachtsbericht durchgegeben. Also alles ganz groß! Vielleicht habe ich ja noch mal das Glück hingehen zu können.

Gestern sind wir mal wieder gegen Typhus geimpft worden. Die Armbewegung ist dadurch schwer behindert, aber sonst ist es weiter nicht schlimm.

An Ali, habe ich schon vor einiger Zeit geschrieben und warte nun auf Post von ihm. H. Zuber hat mir auch noch einen Brief geschrieben und ich habe auch schon wieder geantwortet. Was hat Elly denn nun für eine Eroberung gemacht? Davon wusste ich noch gar nichts. Ich meinte immer, sie verkehrte noch mit H. Lotze. Der May schaut ja auch noch jung zu sein, wenn er noch studiert! Wird doch langsam mal wieder Zeit, dass ich mal wieder nach Hause komme. Ist nun schon ein Jahr her. Übermorgen ist Dein Hochzeitstag und wir sind bald ein Jahr in Russland! – Für uns fahren die Russen nun nach Deutschland zum Arbeiten. Es sind alles Freiwillige. Mädchen und Männer. Alles junge Leute. Es muss ja jetzt ein dolles Völkergemisch in Deutschland sein.

Wird Zeit, dass wir zurück kommen und die ganze Bande wieder ablösen. Viel gescheiter kann es doch nicht sein und für die Arbeitgeber stelle ich mir das auch nicht so einfach vor. Aber die Hauptsache ist, dass sie ihre Kost verdienen! – Noch Dank für Illustrierte!

Herzliche Grüße, Dein Otto!

den 20.6.42

Meine liebe Annemie!

Zu danken habe ich Dir für Briefe vom 3.6. und 10.6.42. In den Letzten schreibst Du, dass der letzte Film auch angekommen sei, und nun hoffe ich, in dem nächsten Brief von Dir, die Bilder zu erhalten. Ich schicke sie nun nach Hause damit Mutti sie mir aufbewahrt. Denn sie könnten hier evtl. doch mal verloren gehen und dazu sind sie mir zu wertvoll!

Die Post brauche ich nicht mehr holen. Bekomme sie nun wieder direkt bei der Kp. Seit gestern bin ich wieder da. Also werde ich sie nun auch regelmäßig wieder empfangen. Unser Transport nach hier ging mit der Bahn. Leider hatten wir nicht gleich den Westen als Ziel. Doch da sind wir nun überhin! Es ist doch auch schön nach so langer Zeit mal wieder die alten Kameraden zu sehen!

Mit Musik ist es bei uns nicht gerade gut bestellt. Wir haben wohl einen Radio in der Kp. Der ist aber natürlich nur für den Chef bzw. für die Schreibstube da. Wir hatten allerdings schon ein russisches Grammophon und auch schon deutsche Platten dazu. Doch nun ist das Ding leider kaputt. Ich hatte aber doch noch Gelegenheit mir ein Film: „Leichte Muse", eine herrliche Musik anhören zu können. Junge war das schön. All' die alten bekannten Melodien zu hören. Das war so richtig etwas für mich. Ich nehme doch an, dass Du den Film kennst? Nun ist die Gelegenheit des Kinogehens ja auch vorbei! Na, Ali ist nun Stoßtruppmann. Allerdings ist es dann nicht der schlechte Soldat. Doch brauchst Du Dir deswegen keine größeren Sorgen um ihn zu machen. Geschossen wird im Krieg überall und manchmal ist man in vorderster Linie noch sicherer als hinter rückwärts. Wen es treffen soll, den trifft es so oder so. Meiner Ansicht nach ist das alles vorbestimmt!

Für unsere Kriegerischen Taten ist das Wetter allerdings äußerst ungünstig. Dauernd Regen und kalt ist es auch dabei. Der Matsch ist natürlich entsprechend. Wir warten so sehnsüchtig auf Sonnenschein. Es hat beinahe den Anschein als ob in diesem Jahr der Sommer überschlagen werden soll.

Heute sind wir gegen Ruhr geimpft worden. Wir bekommen nun wieder laufend Spritzen. Gerade nicht angenehm, aber es muss wohl sein!

Elly schrieb mir heute auch. Allerdings hütet sie vor mir noch das Geheimnis ihrer Liebe zu „May". Ich werde ihr heute auch noch schreiben und ihr ein wenig auf den Zahn fühlen.

Ja, Du hast recht, auch für mich wird es Zeit, dass ich eine Frau finde. Aber woher nehmen? Die Möglichkeit ist im Moment nicht gerade groß. Doch es wird sich wohl noch alles finden!

Herzliche Grüße

Dein Otto!

den 2.7.42.

Meine liebe Annemie!

Endlich habe ich den langersehnten Brief mit den Bildern erhalten. Meinen herzlichsten Dank dafür. Ich bin wirklich sehr zufrieden mit den Aufnahmen. Das eine Bild zeigt eine brennende Sauna. Auch die Bilder aus Westerdeich sind ja prima. An Mutti, mit der neuen Frisur, kann ich mich gar nicht so recht gewöhnen. Im ersten Moment hatte ich auf dem einen Bild Jürgen doch tatsächlich für Peter angesehen. Ja, es wird eben Zeit, dass ich all' meine Lieben mal wieder persönlich zu sehen bekomme!

Heute habe ich wieder einen Film an Dich abgeschickt. Wird es Dir auch nicht zu viel? Ich hoffe aber, dass ich es später mal wieder gut machen kann. Ich schicke den Brief doch lieber extra, denn der kommt dann bestimmt schneller über. Du wartest doch auf Post von mir, nicht? Allerdings habe ich doch schon mal wieder geschrieben. Ich nehme an, dass Du auch den Brief inzwischen erhalten hast. Für Illustrierte muss ich mich auch noch bedanken.

Von Ali bekam ich heute auch endlich mal einen langen Brief. Datiert ist er von 15.6. Ali ist ja auch noch wohlauf und guter Dinge. Ja, die Mücken setzen uns hier rege Fliegertätigkeit. Freund und Feind kreuzen über uns. Wir warten immer, dass es mal zu einem Luftkampf bei uns kommen soll. Doch hier haben sich noch keine gegnerischen Flugzeuge getroffen. Dafür beteiligen wir uns aber aktiv am Abwehrkampf. Wir schicken ihnen anständige Grüße hinauf. Leider aber immer noch ohne Erfolg! Zu gerne würden wir mal so einen Bruder herunter holen! - In Afrika ist ja auch ordentlich was los gewesen und es hat dort mal wieder anständig „gerammelt". Wir denken schon, dass wir nun bald unseren Erfolg aus Afrika kriegen. Na, hier im Osten ist ja jetzt auch ganz nett was los. Gestern ist Sevastopol gefallen und die Hauptfront zum Angriff übergegangen. Nun heißt es wohl bald wieder – marschieren. Hoffentlich bessert sich das Wetter bis dahin noch wesentlich. Sonst sehe ich für unser Vorwärtskommen schwarz. Der Landser kommt wohl überall leicht durch, aber die Fahrzeuge müssen ja auch mit. Ohne die kommt ja keine Einheit aus. Na, wir sind ja noch überall durchgekommen! – Über die Grüße von W. Ludwig habe ich mich sehr gefreut! Du meinst ich soll mal wieder zum Arzt gehen? Ja, wenn schon, dann doch nur zu einem Facharzt und den haben wir nicht im Btl. Also hat es für mich keinen Zweck. Übrigens kann ich Dir zur Beruhigung mitteilen, dass es mit meinem Gehör zur wärmeren Jahreszeit bedeutend besser ist. Das habe ich schon mehrere Jahre gespürt. Wohl möchte ich gerne aus Russland raus. Aber auf diese Art und Weise, und ohne meinen Kp. auch wieder nicht! Unter Kommando lässt es sich eben überall leben. Wir haben sogar schon mal Bier bekommen. Es schmeckt ja nicht so wie in der Wirtschaft. Aber immerhin...

Herzliche Grüße,

Dein Otto!

den 7.7.42

Meine liebe Annemie!

Da ein Glücklicher in Urlaub fährt und dazu auch noch nach Kiel, will ich ihn noch schnell einige Zeilen für Dich mitgeben! Dann bekommst Du mal ganz schnell Post von mir. Dieser Brief wird meinen anderen an Dich und den abgeschickten Film dann wohl noch überholen!

In Deinem letzten Brief vom 23.6., wofür ich Dir herzlich danke, bietest Du mir noch Film an. Ich kann wohl immer welche brauchen doch da sie bei Euch ja auch so knapp sind und Du auch immer gerne knipst, mag ich Dir gar nicht zumuten davon noch an mir abzugeben. Vorläufig habe ich auch noch welche. Vielleicht darf ich Dich dann später mal wieder daran erinnern?

Seit einigen Tagen haben auch wir wieder Sonnenschein. Endlich! Da es die „Lage" erlaubte, habe ich heute schon ein Freibad genommen. Das Zweite in diesem Jahr. Der Bach, der dazu herhalten musste, war allerdings nicht sehr tief. Aber er erfüllte trotzdem seinen Zweck und brachte Erfrischung!

Vor einigen Tagen erlebten wir einen Luftkampf. Das war prima anzusehen. Nach kurzem Kampf musste der Martin-Bomber brennend in die Kehr. Wir haben gejubelt. Allerdings ließ er am andern Tag prompt einige Bomben bei uns fallen. 2 Häuser erhielten Volltreffer und fielen zusammen. Dadurch wurden 5 Soldaten und 2 Zivilisten getötet und mehrere verletzt. Dann hatten wir vorgestern noch einen Tiefangriff. Allerdings ohne Schaden bei uns anzurichten. Von den 3 Angreifern sind 2 von Infanterie später abgeschossen worden. Wie gestern im Wehrmachtsbericht bekannt gegeben wurde, wurden im mittleren Frontabschnitt 127 Flugzeuge abgeschossen. Das war in unserem Abschnitt! Augenblicklich haben wir rege Fliegertätigkeit zu verzeichnen!

Herzliche Grüße,

Dein Otto!

(Postkarte an Fam. Otto Allers, Marne/Holst., Westerdeich)

den 24.8.42

Meine Lieben!

Seit heute morgen bin ich in Wjasma[25]. Der Urlauberzug fährt nicht weiter. Nun müssen wir warten bis ein Güterzug nach Rschew fährt. Bis hierher ging alles glatt und ohne Zwischenfälle. – Mit J. Tiedemann aus der Schmiedestr. bin ich zusammen bis nach Brest – L. gefahren. Der liegt in Stinsk[26]. Hatte also Gesellschaft. Ehe ich wieder bei der Rg. bin, vergeht wohl noch die Woche. Aber ich werde schon hinfinden. Brief folgt sobald als möglich!

Herzliche Grüße,

Euer Otto!

---

[25] Bei Smolensk; Russland.
[26] Stinsky? In Russland/Vologda

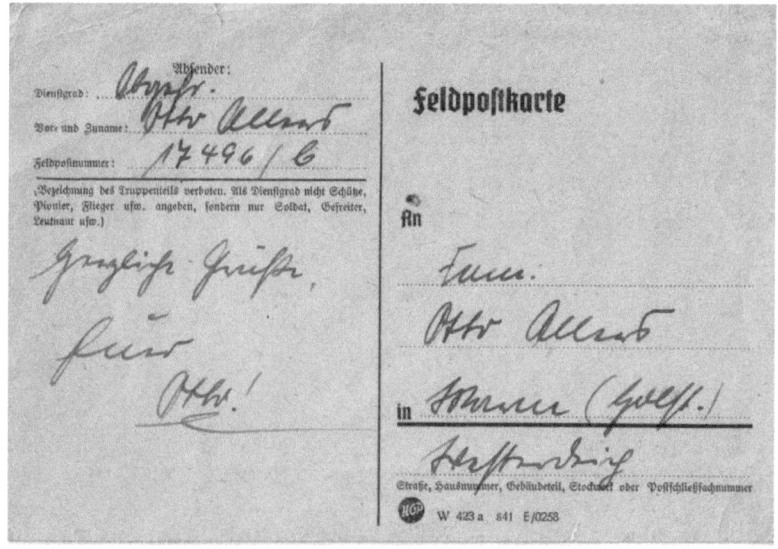

Gleich vor seinem Tode an die Eltern geschrieben.

I. Das tragische Ende

Dienststelle 17496 C

G/I.R. 255 Russland, den 7.9.1942.

Sehr geehrte Familie Allers!

Ich habe Ihnen die tieftraurige Mitteilung zu machen, dass Ihr Sohn, der Obergefreiter Otto Allers geb. 6.4.1916 in Wyk a./ Föhr, durch einen feindlichen Bombenangriff in „Wjasma" gefallen ist. Am 24.8.42 wurde der Urlauberzug, in dem sich Ihr Sohn befand, durch feindliche Flugzeuge angegriffen, dabei erlitt Ihr Sohn schwere Bombensplitterverletzungen am Körper. Er fiel in soldatischer Pflichterfüllung, getreu seinem Fahneneid für das Vaterland. Nachdem er durch alle Feldzüge gesund hindurchgekommen war, musste er durch diese tragischen Umständen sein junges Leben geben.

Ich spreche Ihnen, zuzüglich im Namen seiner Kameraden, meine wärmste Anteilnahme aus. Die Kompanie wird ihm stets ein ehrendes Andenken bewahren. Möge die Gewissheit, dass Ihr Sohn sein Leben für die Größe und dem Bestand vom Volkführer und Reich hingegeben hat, Ihnen im Trost sein in dem schweren Eid, das Sie betroffen hat.

Wie die Standortkommandantur „Wjasma" uns heute mitgeteilt hat, ist er mit allen militärischen Ehren auf dem Kriegerfriedhof Süd Block A in „Wjasma" beigesetzt worden. Grabnummer 441. Der Tag der Beisetzung war der 26.8.42.

In allen Fürsorgen – und Versorgungsfragen wird Ihnen das zuständige Wehrmachtfürsorge – bzw. Versorgungsamt, dessen Standort bei jeder militärischen Dienststellen zu erfragen ist, bereitwilligst Auskunft erteilen.

Die Nachlasssachen Ihres Sohnes gehen Ihnen in Kürze gesondert zu.

Ich grüße Sie in aufrichtigem Mitgefühl.

Mehning

Oberleutnant u. Komp.führer!

Dienststelle 17496 C
6./ J.R. 255

Die Todesnachricht an die Familie (Vorderseite)

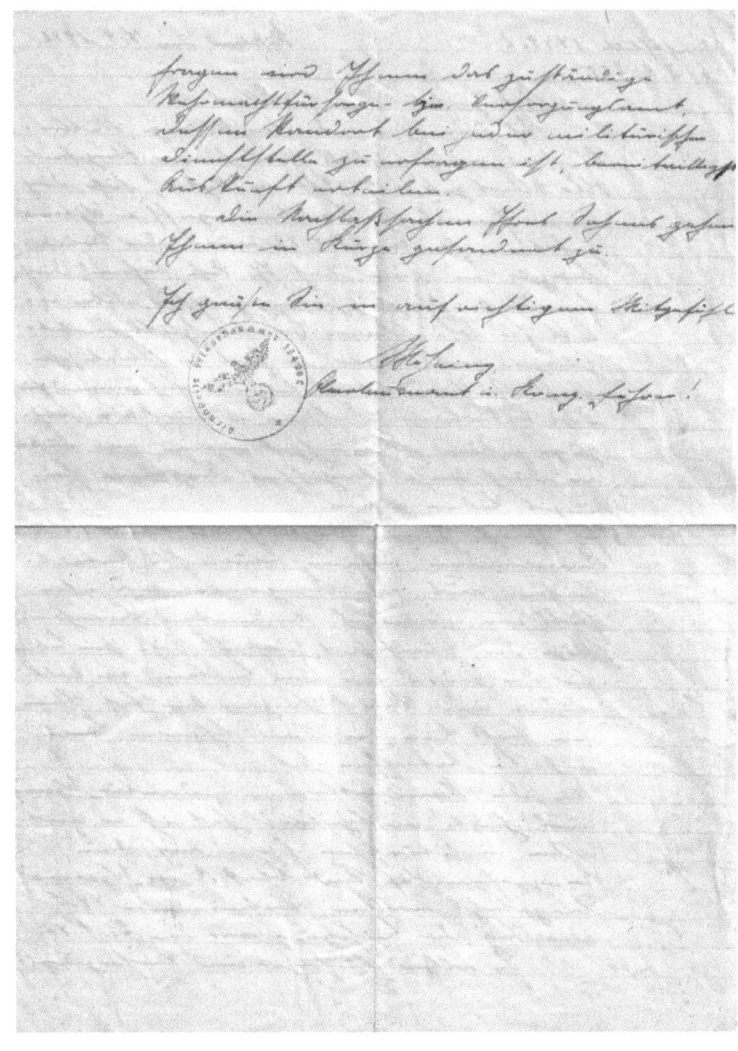

Die hintere Seite

 Erschütternd traf uns die Nachricht, daß unser geliebter

Otto

Obergefr. in einem Inf.-Reg., im Alter von 26 Jahren am 24. 8. im Osten den Heldentod fand. In unfaßbarem Schmerz: Meister der Gendarmerie **Otto Allers u. Frau**, geb. Schnoor; Lt. **Friedrich Peters**, z. Z. in einem Res.-Lazarett, **und Frau Lilly**, geb. Allers; **Klara Allers**, R.-K.-Schwester, z. Z. in Frankreich; **Albert Katholy**, z. Z. im Osten, **und Frau Annemarie**, geb. Allers; **Elly Allers**, Nachrichtenhelferin, z. Z. Westerland a. Sylt, und seine beiden Lieblinge **Peter** und **Jürgen**.

Fahrstedter-Westerdeich, den 26. September 1942.

Mit der Familie trauert der Betriebsführer und die Gefolgschaft der **Fa. Fr. Bastian** um diesen treuen Mitarbeiter.

Zeitungsabschnitt